Joël Berger

Sénèque antistress

en 99 pilules philosophiques

Les Éditions de l'Opportun
16, rue Dupetit-Thouars
75003 Paris

Éditeur : Stéphane Chabenat
Marketing éditorial : Sylvie Pina
Suivi éditorial : Clotilde Alaguillaume
Mise en page : Emmanuelle Noël
Maquette couverture : Philippe Marchand

www.editionsopportun.com

ISBN : 978-2-36075- 146-4

Imprimé en Europe - Dépôt légal : à parution

Qu'est-ce au juste que le « stress » ?

Certainement déjà présente dans l'esprit de notre ancêtre poursuivi par un mammouth, l'idée en a été vraiment formalisée en 1930 sous son nom plus élégant de « syndrome général d'adaptation ». On la doit à un endocrinologue canadien, Hans Selye, qui a publié sur le stress, le définissant comme un ensemble de réactions de l'organisme, des conséquences physiopathologiques d'un traumatisme.

Descendons sur terre : le mot est devenu d'usage courant, comme étant une réaction au danger, nous prédisposant au combat ou à la fuite. Donc une fonction utile de notre organisme, mais sur laquelle la mention célèbre par les paquets de cigarettes nous met en garde : en abuser peut nuire gravement à la santé. En l'occurrence, principalement sous la forme d'accidents cardio-vasculaires. Derrière un mot usuel se cache ainsi un concept qui fait partie des grandes causes de mauvaise santé et même de mortalité.

On accuse en général notre environnement d'être la source de notre stress. Ce n'est pas complètement faux, mais c'est risquer de viser à côté de la cible : le stress est une réaction émotionnelle de notre système mental à une stimulation de l'environnement. Cette stimulation active des réflexes, nous fait produire des hormones spécifiques et dramatise des peurs qui sont propres à notre structure psychique. Le stress n'est pas dans l'environnement, il est dans notre monde intérieur. La preuve : ce qui stresse les uns ne stresse pas forcément les autres, et réciproquement.

C'est d'ailleurs une bonne nouvelle, puisqu'il est moins aventureux de vouloir se changer soi-même que de prétendre changer son environnement. Faisons une rapide carte du processus : nous percevons quelque chose par l'un ou plusieurs de nos sens. Cette information va interagir avec notre « base de données » mentale. À la fois de manière rationnelle, consciemment ou non, comme de manière irrationnelle, par des émotions et des actes réflexes, directement gérés par notre cerveau dit « primitif ». Ce qui nous obligera ensuite à nous ajuster dans nos prises de décisions et nos comportements.

Pour ne pas en souffrir, nous pouvons ainsi agir sur tous les points du processus : notre environnement, nos perceptions, la structure de nos pensées, nos émotions elles-mêmes, notre manière de les appréhender, d'y réagir, de les évacuer et *in fine* de contrôler notre comportement. Autant de portes d'entrée vers une vie plus sereine. C'est ce à quoi nous allons nous atteler dans ce livre, sur les bons conseils de Sénèque.

Qui es-tu, Sénèque ?

Et qui es-tu donc, Sénèque, pour prétendre nous inspirer efficacement dans la gestion de ce stress, au début d'un XXIe siècle si différent du tien, le premier de notre ère ?

Certes, un sage parmi les sages, illustre stoïcien, l'un des philosophes les plus lus dans l'histoire de la philosophie. Qui plus est un homme politique averti, puisque tu as eu droit au *cursus honorum* des Romains de haute lignée : préteur puis consul suffect, conseiller politique de Caligula avant d'être le précepteur de Néron puis son conseiller pendant les cinq premières années de son règne.

Ne dit-on pas qu'en politique on doit « avoir du cuir » ? Ta naissance à Cordoue était prémonitoire. Fils de rhéteur, tu es parti très jeune à Rome pour de brillantes études d'avocat. Ta rencontre avec Pythagore t'a donné très tôt le goût de la philosophie. À première vue, rien qui semblait te confronter à une vie particulièrement difficile.

Pourtant, la sérénité que tu as affichée et défendue a été conquise au milieu de dures épreuves. Par ordre d'entrée en scène, on relève une grave maladie avant tes 20 ans, qui t'a valu un éloignement longue durée en Égypte. Puis les foudres de Messaline, grande nymphomane devant l'Éternel, t'ont fait exiler en Corse pour avoir eu des faiblesses avec la petite sœur de Caligula. Enfin la tentative ratée de Néron de te faire empoisonner, qui s'est pour finir conclue par une condamnation classique à une époque où les « affaires » se réglaient de façon plus expéditive qu'aujourd'hui : on t'a gentiment prié de bien vouloir te suicider dans les meilleurs délais.

Tu n'as connu ni les centaines de mails quotidiens, ni la menace du chômage, ni les échéances difficiles de fin de mois, mais tu as fait face à une adversité d'une violence que nous imaginons à peine aujourd'hui. Ce qui ne semble pas t'avoir empêché de garder ton cap et ton humeur. Jusqu'à t'éteindre dans la sérénité, ce qui caractérise un grand philosophe. Ta mort nous a valu un récit admiratif de Tacite, qui ne t'aimait pourtant pas particulièrement.

En matière de stress, tu es donc incontestablement fin connaisseur et praticien expérimenté.

Avant de démarrer

Je suis convaincu, cher lecteur, que cette exemplarité mérite qu'on en cherche la méthode. Heureusement pour nous, Sénèque en a parlé brillamment et nous pourrons puiser dans son œuvre, au travers de ses aphorismes, des clés qui pourront nous aider dans notre quotidien. Autant que possible, je vous proposerai pour chacun un court commentaire et une conclusion pratique. Autant dire qu'une maxime par jour suffira. D'autant que certaines idées sont parfois reprises d'une maxime à l'autre, la répétition étant une arme bien connue du pédagogue. L'art du développement personnel est plus de pratique persistante que de connaissance.

Alors, bon courage. On se retrouve à la fin pour une synthèse, sous forme de « bons principes », que l'on remarque chez les gens se tirant plutôt bien du stress. Une mise en forme de tout ce que Sénèque nous a légué pour garder notre sérénité et que je me suis permis d'arranger à ma manière. Je vous recommande chaudement de ne jamais les perdre de vue pour garder la paix de l'âme, l'ataraxie chère aux stoïciens autant qu'aux épicuriens.

Principales sources

• Sénèque, *Lettres à Lucilius* (traduction d'Alain Colomb) in *Apprendre à vivre*, éditions Arléa.

• Sénèque, *De la brièveté de la vie* (traduction de Jean-Pierre Charpentier).

• Sénèque, *De la tranquillité de l'âme* (traduction de Pierre Miscevic), éditions GF Flammarion.

• Sénèque, *L'art d'apaiser la colère* (traduction de Charpentier et Lemaistre, revue par Morana), éditions des Mille et une nuits.

• Sénèque, *De la constance du sage* (traduction de Pierre Miscevic), éditions GF Flammarion.

• Sénèque, *De la providence* (traduction de Pierre Miscevic), éditions GF Flammarion.

• Sénèque, *Du loisir* (traduction de Pierre Miscevic), éditions GF Flammarion.

99 PILULES PHILOSOPHIQUES

1

Personne ne souffre du seul présent.

Nous pensons en permanence malgré nous. Dans notre tête, nous moulinons des idées, faites de perceptions et de données internes, pour animer la vie intense de notre monde intérieur. Tout notre passé nous sert à décoder le présent et à nous faire une représentation de l'avenir.

Mais, malheureusement, la pièce n'a pas souvent le côté réjouissant d'un bon théâtre de boulevard. Cette projection dans l'avenir est en effet très inspirée par nos peurs, que nous mettons en scène avec d'autant plus d'intensité qu'elles sont fortes. Elles créent et entretiennent un stress par anticipation.

Mais si nous réussissons à nous concentrer sur la réalité qui nous entoure, que nous percevons ce qui se trouve là où nous sommes, au moment où nous y sommes, la source de stress sera bien moindre, il y aura beaucoup plus rarement une source de stress.

Si par exemple vous êtes un peu tendu à l'idée d'une intervention en public que vous devez faire demain, d'un examen ou d'une convocation chez votre patron, ce n'est pour le moment présent qu'une pure création de l'esprit.

La simple capacité à se concentrer sur ce qui se passe « ici et maintenant », en arrêtant la moulinette infernale de notre cinéma personnel (ce que nous projetons pour le lendemain), tend à nous enlever de l'esprit une grande partie de nos sources de stress.

Vous allez me dire que l'on ne peut pas contrôler son cerveau pour qu'il arrête de penser. D'accord, mais on peut apprendre à contrôler son attention pour la fixer. C'est l'art du méditant que d'y parvenir progressivement, et rien ne vous empêche de commencer maintenant et d'en apprécier le bienfait, même à petite dose. En persistant, vous ressentirez un sentiment agréable et sans perturbation. Même quelques secondes, c'est un délice. Vous conclurez souvent comme Sénèque : « Aujourd'hui, aucun problème. »

Mettez-vous dans une position confortable, décontractée, fermez les yeux et essayez de garder quelques instants toute votre attention sur ce que vous percevez sans penser, ni interpréter ni réfléchir.

2

Il faut faire des promenades en pleine campagne car l'air libre et l'oxygène raniment et exaltent l'âme.

Évidemment sans choisir une forêt tropicale infestée de bêtes dangereuses. Vous pouvez même éviter le bois de Boulogne pour être totalement tranquille, mais avouez que, dans nos contrées, la campagne ne présente pas vraiment de menaces. Non seulement vous y trouverez le bol d'air salvateur que recommande Sénèque, mais vous serez en plus dans un contexte apaisant, si toutefois vous n'avez pas perdu de vue la recommandation précédente : partez seul et concentrez votre attention sur ce qui vous entoure. Admirez, sentez, touchez en contrôlant autant que possible votre attention sur l'extérieur. Sans penser, c'est-à-dire sans interpréter, sans réfléchir et surtout en vous recentrant sur ce qui vous entoure à chaque fois que vous prenez conscience que votre attention s'est laissé distraire.

Là aussi, vous rejoindrez Sénèque quand il affirme que « le mal dont nous souffrons ne vient pas des lieux mais de nous-mêmes ».

Faites une promenade solitaire dans un endroit naturel pour prendre conscience que le stress est une création de votre mental. Prenez le temps de le laisser tranquillement s'éteindre.

3

Retire-toi et contente-toi d'en rire.

Rabelais a eu beau nous dire que le rire est le propre de l'homme, on ne l'utilise pas suffisamment. Je vous rappelle quelques-uns de ses nombreux bienfaits : sur un plan purement physique, il augmente la production d'hormones antistress (catécholamines), l'immunoglobine A (défense des maladies respiratoires) et il a une bonne influence sur le système endocrinien dans son ensemble. Et sur un plan purement mental, outre le fait de réduire le stress et l'hypertension, il équivaut à une bonne méditation : selon Osho, un maître en la matière, on ne peut pas rire et penser en même temps. Alors, ne vous gênez pas, le rire est incontestablement le plus dangereux prédateur du stress.

Peut-être pensez-vous qu'il faut une bonne raison pour rire. Pas du tout. Les adeptes du « yoga du rire » rient à gorge déployée sans aucune raison. Forcez-vous un peu au début, mais vous verrez qu'on prend le pli très vite. Seul dans votre voiture, où personne ne vous entend, éclatez de rire franchement pendant quelques secondes. Vous m'en direz des nouvelles.

Plus vous rirez sans raison, plus vous trouverez ou créerez de bonnes raisons pour rire. Et plus il vous permettra d'évacuer votre stress.

4

Tout est mortel, et ce qui est mortel est régi par des lois incertaines. Tout ce qui peut arriver un jour peut arriver aujourd'hui même.

Certaines perspectives sombres sur notre avenir peuvent nous faire peur. On essaye de ne pas y penser, mais ça ne marche pas toujours comme à la parade, même si vous pratiquez les conseils précédents. Il reste parfois une vieille peur qui nous tenaille. La mort, par exemple, que Sénèque évoque.

Luc Ferry nous explique que le succès de certaines religions repose sur leur capacité à trouver une solution à ce problème de « finitude » qui peut nous déranger. Un paradis de rêve, digne des plus grands hôtels des îles du Pacifique, est effectivement plus réjouissant que la seule perspective de se faire consommer par les asticots. Mais malgré une bonne croyance, cela peut rester une appréhension. Heureusement, nous n'y pensons pas tous les jours. Nous gardons tous néanmoins notre petit stock très personnel de peurs existentielles, et notre cerveau primitif se charge de nous les rappeler dès que nos sens perçoivent une menace sur notre survie.

Les stoïciens recommandent chaudement de faire le contraire : il vaut mieux se mettre à l'aise sur le sujet que de le fuir, et ne surtout pas botter en touche en remettant ça à des échéances lointaines. Bien au contraire, il vaut mieux considérer que cela peut se produire incessamment.

Ça ne va pas devenir réjouissant pour autant, mais progressivement, vous verrez le stress tendre à diminuer. Pour Épicure, il était important, pour vivre sereinement, de considérer que la mort n'était pas à craindre. Pour un stoïcien comme Sénèque, elle était même une issue éventuelle à portée de chacun pour quitter les vicissitudes de l'existence. C'est comme un parachute en avion : une bonne manière de ne pas avoir peur, même si on ne s'en sert pas.

Cherchez quelque chose dont vous avez peur. Forcez-vous à imaginer le pire et à le vivre complètement dans votre imaginaire. Et regardez ce que vous feriez si cela devait arriver maintenant. La plupart du temps, vous trouverez une solution acceptable, faute d'être agréable.

5

Tout le monde veille non à bien vivre mais à vivre longtemps. Alors qu'en fait il est donné à tout le monde de bien vivre, mais de vivre longtemps, à personne.

C'est une pensée très stoïcienne que de ne pas se préoccuper de ce que l'on ne peut modifier. Il y a bien assez à faire avec le reste. Encore faut-il, soulignait Marc Aurèle, avoir la sagesse de distinguer l'un de l'autre. Laissons donc tomber la durée, que l'on ne peut allonger à loisir, pour nous centrer sur le bien-vivre.

Cela dit, le problème reste entier. Parce qu'au fond, qu'est-ce que « bien vivre » ? Platon nous dit que l'on est d'autant plus vivant que l'on a des projets. C'est une bonne piste, sans doute celle qui pousse nos éducateurs à nous demander : « Que veux-tu faire plus tard ? » Mais on a souvent bien du mal à y répondre. Pour se retrouver souvent face à la grande question existentielle : « Et après tout, à quoi ça sert ? »

Je me risquerais à vous proposer une autre piste : la vie est heureuse, non par ce que l'on possède ou ce que l'on fait, mais parce que l'on éprouve des émotions qui nous épanouissent et que nous recherchons au travers de tout ce que nous faisons. Nous y reviendrons plus loin.

En attendant, prêtons l'oreille à Paul Valéry qui propose l'idée que « L'homme heureux est celui qui se retrouve avec plaisir au réveil, se reconnaît celui qu'il aime être ». En clair, s'aimer tel que l'on est est l' « approche centrée sur la personne » proposée par Karl Rogers. Nous aurons l'occasion de reparler de ce point dans ce livre. D'ici-là, regardez qui vous êtes et aimez sans réserve cet être unique, en regardant tous les avantages de ce que vous croyez parfois être des défauts.

Vous pourrez ainsi partager l'idée, comme Sénèque, que « le prix de la vie n'est pas dans sa durée mais dans son usage ».

Ayez toujours des projets en cours, petits ou grands.

Faites une liste de tout ce dont vous êtes fier et heureux dans votre vie, des moments où vous avez été admiré et relisez-la quand vous doutez de vous.

6

Nul ne doit rien se promettre de l'avenir.

Sénèque s'explique : « Ne remettons rien à plus tard. Soyons quitte, chaque jour, avec la vie. » Le sujet lui est cher, et il y revient souvent : « Façonnons donc notre âme comme si le terme ultime était atteint. Celui qui chaque jour a mis un terme à sa vie n'a pas besoin de temps. » Ou encore : « Seuls s'accrochent à l'avenir ceux dont le présent est stérile. Ceux qui vivent dans l'espoir du lendemain, le temps leur échappe sans cesse. »

Chacun connaît l'histoire de cet homme trouvant dans un tiroir de sa femme, qui venait de mourir, une jolie robe qu'elle n'avait jamais portée, avec une étiquette « À garder pour une grande occasion ». Pour ne pas avoir de regret, il ne faut pas remettre à plus tard ce dont on peut profiter aujourd'hui. La cigale de La Fontaine en a peut-être abusé, me direz-vous. Que faire quand la bise sera venue ? Rien n'oblige à tirer toutes ses cartouches d'un coup, tout en sachant ne pas sacrifier de bons instants possibles maintenant pour la seule raison que l'on pourrait en avoir de meilleurs plus tard. Il vaut mieux avoir de beaux souvenirs que de s'en priver pour se préparer à en avoir dans un avenir incertain.

Nous nous attachons aux choses réelles plus qu'à leur souvenir. Pourtant, vaut-il mieux garder une bonne bouteille dans sa cave que d'avoir le souvenir d'une belle soirée entre amis ? L'un n'empêche pas l'autre, me direz-vous. À condition de ne pas tout garder sans jamais profiter de rien. Le triste syndrome d'Harpagon.

Un bon souvenir est un acquis, une perspective est incertaine. L'évangéliste Matthieu lui-même nous y pousse : « Observez les lis des champs comme ils poussent : ils ne peinent ni ne filent... Ne vous inquiétez pas du lendemain : demain s'inquiétera de lui-même. À chaque jour suffit sa peine. »

« Carpe diem. » Profitez des biens comme si vous deviez les perdre. Attachez-vous aux gens, à la valeur des moments que vous créez, plus qu'aux biens matériels. C'est la meilleure chance de n'avoir pas de regret. Ce ne sont pas les choses qui comptent, mais ce que l'on en fait.

7

Le pauvre n'est pas celui qui a peu mais celui qui veut toujours plus.

La société dite « de consommation » nous a apporté beaucoup de confort. Mais elle a un gros défaut : elle crée des besoins sans limite. Au point que nous sommes poussés à posséder des tas de choses dont nous n'avons pas vraiment besoin. Il n'est pas question de ne pas se faire plaisir, mais avouez que, parfois, c'est simplement pour marquer un niveau social ou pour ne pas se sentir moins performant que son voisin. Tant que ça nous occupe joyeusement la vie, il n'y a rien à dire. Mais si c'est au prix de stress, quel dommage !

L'art en la matière consiste à savoir profiter largement de ce que l'on peut avoir, mais être capable de ne pas souffrir du manque de ce qui dépasse le nécessaire. Et pour cela, il faut s'affranchir d'un excès de contagion normative, c'est-à-dire du besoin incoercible d'avoir autant sinon mieux que les autres.

Pour vous y entraîner, cultivez des différences. Devenez insensible au caractère moqueur des remarques qu'on ne manquera pas de vous infliger en société.

Augmentez votre pouvoir de non-achat : plutôt que d'être fier de ce que vous avez, soyez fier de ce que vous êtes capable de ne pas avoir.

8

Moins on a besoin de richesses, mieux on en jouit.

Le conseil précédent ne nous empêche nullement de nous réjouir, en bon optimiste, de la partie pleine du verre.

Sénèque nous dit que « pour être au niveau de Dieu, l'argent ne peut rien. Dieu ne possède rien » et « je veux apprendre à tout perdre avec le sourire ». De toute façon, ajoute-t-il, « nous avons et nous aurons toujours l'impression qu'il nous manque quelque chose ».

Une seule solution, se débarrasser du besoin compulsif de posséder ce dont on n'a pas besoin, pour satisfaire, selon l'expression d'Épicure, ses besoins naturels et nécessaires. Ce sont les besoins qu'il est indispensable de satisfaire pour survivre, tels que boire et manger suffisamment, ou ne pas avoir trop froid.

Quand la peur de manquer ou de perdre nous tracasse, prenons la peine de regarder le vrai niveau de nécessité. Cela n'interdit pas de profiter du reste, mais gardons-nous d'avoir à en souffrir. Encore moins d'en dépendre. Bref, soyons prêts à nous passer de ce qui est superflu et même à tout perdre.

Regardez ce que vous avez comme si c'était éphémère. Vendez ou offrez tout ce qui est chez vous et que vous n'avez pas utilisé depuis plusieurs années. Vous vous sentirez plus léger.

9

Même sur les routes infestées de brigands, le pauvre marche en paix.

L'agressivité de nos concitoyens peut être une source de stress. Avant de chercher comment s'en prémunir, commençons, sur l'invitation de Sénèque, par ne pas la provoquer. Il nous conseille, « pour ne pas être la proie des méchants », de ne rien posséder « qui puisse exciter la cupidité et l'iniquité d'autrui, rien qui tape à l'œil ». Il ajoute : « Tout ce qui brille, même inconnu, déclenche la convoitise » et nous rassure en nous disant que « devant les portes ouvertes, le cambrioleur passe son chemin ».

Si l'homme est un loup pour l'homme, selon la célèbre expression de Hobbes, ne nous aventurons pas dans les bois. Ne créons pas l'envie chez les autres en affichant nos richesses, nos talents ou notre culture. Ne cherchons pas à être admirés en brillant, on se prépare la peur de décevoir.

Donner une belle image de soi est tentant, mais il faut ensuite se montrer à la hauteur face à des gens qui ne nous louperont pas à la première occasion.

Des résultats tangibles et démontrés ainsi qu'une bonne dose de modestie vous procureront une vie avec moins de stress.

Ne vous contentez pas de paraître, obtenez des résultats qui parleront d'eux-mêmes. Soyez plus efficace que démonstratif, en persistant dans ce que vous entreprenez jusqu'aux objectifs que vous vous êtes donnés, ils vous serviront à étayer, pour vous comme pour votre entourage, une suffisante estime de vous-même. Les faits sont plus stables que les idées.

Apprenez à vous passer de l'admiration des autres en vous estimant suffisamment vous-même.

N'abandonnez pas ce que vous entreprenez avant d'avoir un résultat qui vous satisfait.

10

Ne va jamais croire qu'un homme qui s'accroche au bien-être matériel puisse être heureux.

Sénèque est formel : « Plus puissante que la fortune est l'âme. » Et l'âme ne se réjouit pas de possessions, mais d'émotions. Dans ce domaine, nous dit-il, méfions-nous des joies qui viennent de l'extérieur : « La joie est entrée ? Elle sortira. Mais celle qui naît de soi est fidèle et solide. » Pour conclure que l' « on peut tirer utilité des plaisirs à condition que ce soit eux qui dépendent de nous et non le contraire ».

C'est là qu'il faut investir sans compter. On est maître de son esprit de manière plus sûre que de quoi que ce soit qui nous entoure. On peut se lasser des plus belles choses ou se réjouir profondément des plus simples. Ce n'est après tout qu'une disposition de l'esprit qu'il nous appartient de créer à volonté.

Réjouissez-vous profondément de la seule contemplation d'une fleur, d'une œuvre d'art, de la beauté de la nature ou des réalisations humaines sans avoir besoin de les posséder.

11

Ce qui nous coûte cher, ce n'est pas la faim, c'est la convoitise.

La faim, c'est le désir de ce qui nous est nécessaire. La convoitise, ce sont toutes ces envies nées de ce qui se trouve dans l'assiette de notre voisin et dont on pourrait très bien se passer si personne ne les agitait sous notre nez.

Quelle est la source de cette jalousie qui nous fait réclamer, dans la prospérité matérielle, l'égalité, surtout avec tous ceux qui ont plus que nous ? Une jalousie parfaitement stérile.

Mais pour avoir de l'énergie psychique, il nous faut bien des envies. En dehors de la peur, c'est la seule façon de se faire bouger. Alors, plutôt que de nous laisser envahir par l'envie qui naît d'une hasardeuse convoitise, créons les nôtres, bien cadrées dans un projet de vie global. Avec suffisamment d'envies propres et de buts personnels qui rempliront notre univers de projets passionnants, il n'y aura plus de place pour désirer compulsivement tout ce qu'ont les autres.

Pour ne pas vous laisser perturber par la convoitise, investissez-vous dans suffisamment de buts établis dans l'axe de vos rêves. Ils donneront du sens à votre vie et la rempliront suffisamment pour que vous ne laissiez pas vos ressources et votre énergie se gaspiller sur le reste.

12

Si tu veux connaître ta valeur exacte, mets de côté maison, argent, honneurs. Regarde au-dedans de toi-même.

Quand on parle de quelqu'un qui a réussi, il nous vient l'image d'un individu prospère. Nous avons fait de la richesse le signe suprême du succès et du bonheur. Par simple conformisme, on voudrait en faire autant, sinon mieux, et on se met la pression. Grave erreur.

Sénèque nous invite à trouver des critères de valeur qui nous soient propres et qui ne reposent pas que sur la prospérité matérielle. Les références de la réussite doivent être les nôtres.

Réussir sa vie, c'est progresser sur le chemin qui nous convient pour nous sentir épanouis, aller dans les directions qui nous plaisent. Ce ne sont pas les mêmes pour chacun d'entre nous.

Mère Teresa, Jean Monnet, Gandhi, l'abbé Pierre, Baruch Spinoza, Jeanne d'Arc et tant de personnages illustres ou non mais profondément déterminés n'ont pas fondé leur ligne de conduite sur la prospérité individuelle, pourtant socialement présentée comme l'indicateur de la réussite, ni même sur la reconnaissance sociale.

Ils se sont épanouis dans leur vie en choisissant leur chemin selon leurs critères, sans appuyer leurs choix sur ceux des autres.

Le stress est créé par un décalage mal vécu entre ce que l'on a et ce que l'on veut. Or nous disposons de l'énergie nécessaire pour obtenir ce que nous voulons profondément, mais pas pour les envies nées de l'imitation. En suivant votre voie, sans influence, vous diminuerez potentiellement votre stress.

Définissez ce qui vous est nécessaire et suffisant pour vous sentir bien et faites-en une base pour vos choix de vie. N'attendez surtout pas qu'on vous approuve pour être sûr.

13

Quel secours contre l'oubli ? Garder en mémoire le souvenir des choses perdues et ne pas laisser échapper avec elles le fruit que nous en avons eu.

Intéressante, cette idée de considérer nos souvenirs comme des possessions intérieures et de leur accorder une valeur qui rivalise avec celle de la réalité physique. Le passé n'existe plus, mais nous avons la faculté de revoir le film à volonté.

Nous avons au fil du temps constitué un patrimoine mental dont on peut jouir à tout instant et aussi longtemps que nous serons sains d'esprit. Et celui-là, personne ne peut nous l'enlever, on peut s'y attacher tranquillement.

Encore faut-il prendre le soin de les créer, ces bons souvenirs. D'abord comprendre qu'il ne s'agit pas seulement d'enregistrer avec nos cinq sens, mais de mettre nos émotions dans la même boîte. Le rappel à notre mémoire d'images passées nous fait revivre dans le présent les émotions qui y sont associées.

Autrement dit, une banque gratuite d'émotions de substitution, à utiliser sans réserve puisqu'il n'y a aucune usure du phénomène. Ce qui ne veut pas dire tomber dans l'addiction d'un Proust qui a passé la fin de sa vie à se promener dans ses souvenirs. Il vaut mieux continuer à en construire : notre mémoire émotionnelle ne connaît pas de limites.

Plus le temps avancera, plus vous aurez le sentiment d'une vie accomplie et de ne pas avoir de regret. Ceci vous amènera à regarder l'environnement avec plus de détachement, comme le recommande Sénèque : « Regarde tout ce qui t'entoure comme les meubles d'une chambre d'hôtel. Tu n'es que de passage. »

Constituez-vous une bibliothèque mentale de vos bons souvenirs, de vos émotions les plus agréables, et allez vous y promener dans les moments perdus, surtout les moments de tristesse ou de stress.

14

Ma patrie, c'est le monde entier… bien vivre est possible partout.

On se sent plus en sécurité dans un lieu où l'on a nos habitudes et nos petites affaires. La nécessité de s'en éloigner peut générer un petit stress sous-jacent, une forme de cafard. Le bon docteur Freud aura classé cette tendance dans le dossier de la névrose obsessionnelle. Mais nous sommes nombreux à en être atteints légèrement.

Plus généralement, on peut avoir un certain attachement à ses habitudes, à ses manières de voir les choses, au point que tout ce qui nous en écarte est ressenti comme un désagrément.

Si la perspective de quitter votre chez-vous ou de modifier vos petites habitudes vous stresse, il est temps de faire une petite cure de changement. Vous y gagnerez en souplesse d'esprit. Les voyages forment la jeunesse, et malgré l'âge ce n'est pas désespéré.

Larguez les amarres de temps en temps : faites un petit périple loin de vos bases avec un sac de voyage contenant le minimum et sans trop d'organisation préétablie.

15

Plus tu iras haut, plus tu auras peur.

Il serait dommage d'interpréter cette consigne comme une incitation à réduire nos légitimes ambitions. La vie est une aventure dans laquelle voir haut est l'apanage d'un parcours passionnant. Un horizon rabougri ne peut créer l'enthousiasme générateur des bons souvenirs évoqués précédemment.

Mais viser haut demande d'accepter l'importance des obstacles et le niveau de stress correspondant. La peur n'évite pas le danger, dit l'adage, mais le danger évite encore moins la peur. Plus vous prendrez de risques, plus vous vous générerez de frayeurs. Ça fait partie du jeu de la vie et ça nous donne de l'énergie si la dose n'est pas trop forte. Mais il y a un principe : on ne souffre pas du stress qu'on s'impose. Certains l'appellent le « bon stress ».

Ne faisons pas d'efforts vainement sur des objectifs perdus, ceux auxquels on ne croit pas. Vous vous souvenez de la phrase de Churchill : « Tout le monde savait que c'était impossible. Eux ne le savaient pas. Ils l'ont fait. » Il est inutile de perdre du temps et de l'énergie sur des projets dont l'issue ne vous paraît pas possible.

Vous n'aurez pas de « mauvais stress » si vous ne vous investissez que dans des projets librement consentis et des objectifs que vous croyez sincèrement possibles.

16

Tu cesseras de craindre en cessant d'espérer.

Comment se lancer dans des projets sans espérer atteindre le résultat visé ? Et que vaut la vie sans projet ? Admettons l'expression populaire : « L'espoir, c'est la vie. »

Mais ne serions-nous pas tentés de remplir compulsivement notre vie d'activités multiples simplement pour masquer un certain vide existentiel ? Être occupé est rassurant. Ça nous empêche d'avoir à contempler nos angoisses sur l'avenir. Alors que nous pourrions simplement jouir de la vie.

Je ne voudrais pas vous empêcher d'aller faire vos courses comme d'habitude mais, si vous sentez de la pression dans vos activités, cessez de vivre sous l'empire de la nécessité du résultat et la pression du temps.

Tant que vous êtes rempli d'une saine énergie, c'est parfait. Mais si le stress s'en mêle, rappelez-vous que le monde pourrait survivre sans vous. Oubliez les activités inutiles et contentez-vous des résultats existants.

Être sans désirer autre chose que ce que le destin nous apporte. Nietzsche en a fait une règle de vie du surhomme. On dit que ce sont les insatisfaits qui font bouger le monde. Mais en sont-ils plus heureux pour autant ?

Soyez capable de prendre plaisir à ce qui vous arrive plutôt que de souffrir d'aspirer à autre chose.

17

Considérons la multitude qui nous suit au lieu du petit nombre qui nous dépasse.

Sommes-nous conditionnés par la course sans pitié de notre spermatozoïde fécondateur ? Nous aimons bien être le premier, le meilleur. Nos usages médiatiques ont même souvent fait un inconnu du second. La proportion de gens qui connaissent le nom du deuxième homme à avoir mis le pied sur la lune est ridicule en regard de ceux qui connaissent celui du premier.

L'admiration de nos congénères pour le dominant est une forte motivation narcissique. Être le premier crée un contentement dans l'instant, mérité peut-être. Mais que de stress potentiel pour se maintenir à cette place.

Heureux celui qui se satisfait d'atteindre ses objectifs sans avoir besoin de se comparer aux autres.

Donnez-vous des objectifs et soyez heureux de les atteindre sans avoir besoin de battre des records.

Cherchez à vous dépasser, et non à dépasser les autres.

18

Il est facile d'échapper aux occupations quand on en dédaigne le profit.

Dès que l'on prend conscience que l'on ne pourra sans doute pas faire tout ce que l'on doit, on n'est pas à l'abri d'un sentiment désagréable qui ressemble à celui qu'éprouve quelqu'un qui ne sait pas nager quand le niveau de l'eau approche de ses narines.

Stress léger au départ, qui nous fait mettre les bouchées doubles, compliqué de nervosité et d'agacement, au risque d'aboutir à une sorte de confusion mentale. On ne sait même plus par quoi commencer. Un moment un peu déprimant qu'il faut anticiper. Dès que le sentiment d'urgence vous tenaille désagréablement, prenez un peu de recul en vous interrogeant : « À quoi ça sert ? », « Est-ce que j'en ai besoin ? »…

Une femme me disait il y a quelques jours : « Je n'en peux plus, je suis stressée, je n'arrive plus à faire le ménage comme il faudrait tous les jours. » Pas une seconde elle ne s'est remise en cause. « Pas question d'y échapper », m'a-t-elle dit.

Elle ne se donnait pas le droit de se soustraire à son devoir et aurait difficilement supporté des reproches sur le sujet. Sa sérénité, la joie de vivre et la bonne santé qui en découlent ont pourtant plus d'importance pour elle et ceux qui l'entourent qu'un peu de poussière.

Si vous estimez avoir trop de choses à faire pour les faire bien, faites la « chasse au gaspi » en supprimant tout ce qui est inutile, mais que vous faites par obligation ou habitude. Choisissez ce dont le résultat vous importe réellement. Laissez tomber le reste et passez-vous en toute sérénité du résultat qui en aurait découlé.

Et ne croyez surtout pas que c'est une ode à la paresse. Les gens les plus efficaces que j'ai rencontrés opèrent sur ce mode.

Si le ménage vous stresse, supportez la poussière. Si le jardinage vous paraît trop prégnant, appréciez la beauté sauvage et naturelle des mauvaises herbes.

19

Les hommes apprennent en enseignant.

« Vous savez comment ça marche ?
— Bien sûr !
— Vous pouvez me l'expliquer ?
— Euh… »

Le bonnet d'âne et autres sévices corporels n'ont plus cours dans les écoles du XXIe siècle. Dans notre boîte à stress sommeille pourtant une vieille peur d'avouer ne pas savoir ou ne pas avoir bien compris. Dans la famille des excuses toutes prêtes, on trouve notamment le « Je sais mais je ne saurais pas te l'expliquer ». Quel aveu !

Apprendre pourrait apparemment se limiter à enregistrer des données. Mais ce qui est utile, c'est de pouvoir s'en servir.

Le processus de mémorisation durable comme l'aptitude à mettre en œuvre rejoignent la capacité à expliquer.

Ils font appel à une mise en relation organisée de ces données avec celles que nous avons déjà en tête. Pour paraphraser Boileau, on pourrait dire que « ce qui se conçoit bien s'explique clairement ».

Pour vérifier que vous avez compris et assimilé, faites comme si vous l'expliquiez. Plus faible sera le degré de connaissances exigé de votre interlocuteur, plus profond sera celui de votre compréhension.

Pour ce que vous ne savez pas expliquer, entraînez-vous plutôt à dire simplement : « Je ne sais pas. » Vous serez débarrassé de la crainte d'être pris en défaut.

Pour vous assurer que vous avez compris quelque chose et pour mieux vous en souvenir, vérifiez que vous sauriez l'expliquer à un enfant. Pour le reste, soyez à l'aise pour dire « Je ne sais pas ».

20

C'est à celui qui le fait de nous l'enseigner.

C'est fou le nombre de gens qui vous donnent des conseils avisés les mains dans les poches pendant que vous bricolez. Nous avons heureusement à notre portée une arme redoutable : « Puisque tu sais, montre-moi. » Ils vont vite comprendre que le « savoir faire » n'est pas assuré par le « savoir comment faire ».

Il ne s'agit pas des domaines de connaissances pures, où les intellectuels font parfaitement l'affaire, mais de ceux qui ressortent plus de la pratique que de la théorie. Là, il faut se méfier comme de la peste des éternels donneurs de leçons. À titre d'exemples et dans le désordre, je pense à la vente, l'éducation des enfants, le management, les relations amoureuses, les activités sportives ou artistiques et combien d'autres. Deux dangers nous y guettent.

D'abord que savoir et savoir faire ne sont pas de même nature. La connaissance intellectuelle ne suffit pas pour obtenir des résultats. Le savoir-faire n'est pas transmissible par le langage. On peut aider une personne à se faire son expérience, mais on ne peut malheureusement pas transmettre la sienne.

Ensuite que nous sommes programmés pour imiter le geste de nos anciens. Un bon apprentissage est donc fait d'imitation et d'expérience. Mais trop souvent se transmettent, comme de la connaissance, des idées toutes faites qui n'ont pas vraiment fait leurs preuves. Les « il faut faire comme ceci, il faut faire comme cela » sont des expériences généralisées un peu hâtivement. Il est préférable de les expérimenter avant d'en faire ses bonnes pratiques. Méfiez-vous donc des affirmations dans les domaines pratiques, et faites-vous, par votre expérience, votre propre vérité. Aidez les autres à se faire la leur sans vous contenter de raconter la vôtre.

Pour ne pas tomber dans ce piège, les techniques de coaching sont formelles : n'affirmez rien, contentez-vous de poser des questions. John Whitmore, entraîneur de tennis et pionnier du coaching en entreprise, disait par exemple qu'il est beaucoup plus efficace de demander régulièrement à un joueur avec quelle partie de sa raquette il a frappé sa balle, puis ce qu'il en pense, plutôt que de lui répéter qu'il faut la regarder au moment de l'impact.

L'expérience ne se transmet pas. Aidez les gens à se faire la leur plutôt que de vouloir transmettre la vôtre comme si c'était une science.

21

C'est la vie qui nous apprend et non l'école.

« Qu'est-ce que tu sais faire ?
— Rien, je sors de l'école.
— Et alors, on ne t'apprend rien à l'école ?
— Non. Si vous y étiez allé, vous le sauriez. »

Vous aviez reconnu Coluche en jeune conscrit, interrogé par son adjudant. La théorie, c'est bien. Mais il paraît que la réalité s'écarte parfois du modèle... On a beau en savoir long sur le sujet, on n'est jamais à l'abri de difficultés pratiques imprévues. Et plus on a l'esprit de méthode, plus on ressent un stress, de l'agacement, lorsque ce qui est prévu ne s'applique pas.

Comment utiliser le conseil de Sénèque ? En se rappelant que toutes les difficultés de l'existence sont des occasions irremplaçables pour apprendre et s'enrichir. En admettant au passage l'affirmation nietzschéenne que « tout ce qui ne nous anéantit pas nous renforce ».

Le président d'un groupe japonais dans lequel je travaillais m'avait dit un jour à la suite d'un licenciement : « Fallait-il vraiment vous séparer de quelqu'un qui a l'expérience d'une telle erreur ? »

J'ai rencontré beaucoup d'autodidactes qui connaissaient de remarquables réussites professionnelles. Même à un âge avancé, ils ne s'étaient pas débarrassés de l'humiliation de ne pas avoir fait d'études. Ça leur aurait apporté quoi de plus ? La vie s'est largement chargée de leur apprendre ce qui leur a été nécessaire.

En situation d'erreur ou de difficulté, dites-vous bien que vous en sortirez enrichi.

Regardez d'ailleurs comment vos erreurs et difficultés passées vous ont aidé dans vos réussites.

22

Plus le corps est pesant moins l'esprit est agile.

Le stress semble au départ une stricte affaire de mental. Mais, comme pour tout ce qui est mental d'ailleurs, il ne faudrait pas s'imaginer que l'ensemble de notre organisme n'y soit pas intimement lié.

Notre résistance au stress peut faire partie de cette agilité dont parle Sénèque. Pas de doute qu'un corps léger et bien portant nous permettra une meilleure gestion de nos émotions. Quand on est « en forme », l'environnement nous touche moins, la vie nous paraît beaucoup plus rose.

Mais il est intéressant de considérer, dans l'autre sens, que plus l'esprit est « pesant », disons stressé ou tracassé, plus le corps en subit les tristes conséquences. De trois manières :

La première est que nos émotions sont déclencheuses de productions hormonales et de signaux nerveux. Tout notre organisme y participe. Les effets physiologiques des hormones sécrétées ne s'effacent pas aussi facilement que les mouvements de nos synapses.

On peut redevenir gai brusquement sur une bonne plaisanterie, mais on n'évacue pas dans la seconde les giclées d'hormones produites et leurs effets sur notre organisme, pour le meilleur comme pour le pire.

La deuxième est que nous stockons les émotions mal évacuées. Elles s'échappent brutalement quand une dernière goutte fait déborder la casserole et c'est le dernier qui passe qui ramasse tout le contenu. Combien d'enfants ont reçu des gifles le soir parce qu'un de leurs parents avait été trop stressé dans sa journée de travail ?

La troisième est que celles qui ne sont pas évacuées du tout perturbent notre système immunitaire et notre bon fonctionnement général. À trop masquer et renfermer ses émotions, on risque que notre corps en subisse les conséquences par des somatisations variées.

Un corps sain facilite le fonctionnement mental mais, à l'inverse, une bonne évacuation des émotions permet au corps un fonctionnement optimal.

23

Ceux qui ont l'air de ne rien faire ont des activités plus hautes.

La tempête avait forci brutalement pendant la nuit. Au point que l'équipe de quart ne savait comment faire face à une situation qu'elle trouvait angoissante. Réveillé pour prendre les choses en main d'urgence, le skipper est sorti. Il a commencé par observer un bon moment, sans rien dire ni rien faire malgré l'ambiance de crise environnante. Même en situation d'urgence, nous avait-il expliqué une fois le calme revenu, une décision trop rapide peut être catastrophique.

Application au premier degré : pour agir efficacement, il faut préserver la distance et le calme nécessaires pour prendre les bonnes décisions. Ceux qui sont en permanence dans l'action n'ont pas ce recul indispensable. On choisit mal sa direction quand on a le nez dans le guidon. D'abord parce qu'on peut perdre de vue son but. Ensuite et surtout parce que les difficultés rencontrées sur le terrain peuvent nous donner l'envie de changer d'avis. La peur, le manque de détermination, les doutes, la fatigue, le stress… autant d'occasions d'avoir soudain une meilleure idée et d'en profiter pour se défiler. Notre cerveau est très doué pour ce genre de passe-passe.

Une politique qui se résume à se faire diriger par la pression de son environnement nous amènera fatalement ailleurs que là où on le souhaiterait. La politique dite « du chien crevé au fil de l'eau », qui consiste à aller là où nous mène le courant. À éviter absolument.

Heureusement, la parade est simple : il ne faut pas s'autoriser à changer de cap pendant l'action. Un temps pour la stratégie et les plans, un temps pour agir. S'il y a blocage ou dérive, il faut se donner clairement une phase de réflexion. On agit à pied, on juge depuis l'hélicoptère.

Les hésitations devant l'obstacle ouvrent la porte au stress. Pour la refermer, ne vous autorisez aucun changement de cap dans l'action. Agissez avec persistance dans le sens que vous avez décidé. Si vous avez des états d'âme, décidez d'une phase de recul détendue, d'observation et de réflexion.

24

C'est dans l'arène que le gladiateur prend sa décision.

L'esprit de persistance que je viens d'évoquer n'est pas à confondre avec l'obstination. Il ne signifie pas qu'il faut buter dans chaque caillou sans avoir l'idée d'en faire le tour.

La réalité a le don de nous surprendre par quelques éléments que seul le « terrain » nous donne, et contourner l'obstacle n'est pas changer de route. Un vieux débat entre stratégie et tactique.

D'où un conflit séculaire entre les états-majors et les gens de terrain, les premier péchant par manque de maîtrise de la dure réalité, les autres généralisant les cas particuliers et ne sortant pas de l'ornière de leurs pratiques acquises.

Cet équilibre entre l'idée et l'action ne peut être parfaitement optimisé. Les spécialistes de l'ingénierie de projets proposent qu'au démarrage on s'assure d'un minimum d'allers-retours entre la réflexion théorique et l'expérimentation, pour ne pas risquer d'un côté d'avoir de brillantes idées qui ne tiennent pas la rampe ou au contraire d'avoir une vision trop restreinte du champ des perspectives possibles. Ce que ne suffira pas à résoudre l'adage généreux « Penser localement, agir globalement ».

Avant de vous lancer dans de vastes plans sur la comète, testez vos idées dans la réalité.

Au risque de décaler un peu son vocabulaire, gageons que Sénèque tient à nous rappeler « qu'un abruti debout va toujours plus loin que trois intellectuels assis ». Mais il y a un autre message important pour nous : pour faire cesser notre cinéma mental, il est très efficace de se confronter à la réalité le plus rapidement possible.

Aussi simplement que certains comédiens, pour évacuer un possible stress, vont se familiariser avec la salle par exemple. Sénèque nous le confirme autrement en rappelant que « la réussite est plus facile quand on est au cœur de l'action ».

Ne gambergez pas trop longtemps avant de vous lancer dans l'action. Si vous avez du stress en regard d'une situation, agissez plutôt que de cogiter.

25

Un souffle continu conduit très vite à bon port.

Peut-être Sénèque s'est-il inspiré d'une bonne vieille idée énoncée quelques siècles plus tôt par Ésope avec son lièvre et sa tortue, à laquelle La Fontaine a donné ses lettres de noblesse : il vaut mieux avancer de manière continue que de briller par des avancées spectaculaires mais éphémères. La braise chauffe mieux que le feu de paille.

Savoir se satisfaire d'avancer dans les directions que l'on a choisies sans se mettre une pression considérable sur la rapidité est une excellent manière pour éviter le stress. Faire bien, dans l'axe, avec persistance, sans se soucier d'aller vite.

Les gens qui agissent avec les mots d'ordre « quantité » et « persistance » ont souvent de meilleurs résultats que les petits génies.

En tout cas, ils finissent toujours par avancer et compenser dans la durée leur apparent manque de talent. Sénèque précise qu' « il est impossible qu'avec des essais multiples on n'obtienne pas des réussites ponctuelles ».

On peut en faire un outil d'efficacité opérationnelle, en mettant la loi des grands nombres de son côté. Cela réduit de beaucoup les incertitudes (donc le stress) : assurez en permanence le nombre d'opérations nécessaires pour vous donner le résultat probable.

Prenons un exemple : si je suis vendeur et qu'il me faut à la louche dix appels téléphoniques pour avoir un rendez-vous, je suis pratiquement assuré de générer un flux moyen de trois rendez-vous quotidiens si je passe systématiquement trente appels tous les jours. Ça ne respire pas le génie, mais j'ai vu plus de gens avoir de bons résultats sur la durée par ce moyen que par des coups d'éclat.

Lorsque l'on n'atteint pas un objectif, c'est bien souvent parce qu'on s'est arrêté avant de l'avoir atteint. Et si le hasard persistait à vous desservir, vous aurez le sentiment de ne rien avoir à vous reprocher. Une autre source de stress insidieuse éliminée à son tour.

Agissez sans état d'âme sur des options stables, en vous réjouissant d'avancer, sans vous soucier de la vitesse. Effet garanti sur votre stress.

26

Contente-toi d'accomplir ce que tu t'es fixé.

Notez qu'il s'agit déjà de se fixer un objectif. On n'en attendait pas moins de Sénèque qui nous rappelle qu' « il n'y a point de vent favorable pour celui qui ne sait où il va ».

Mais si la carotte est trop loin ou s'éloigne quand il marche, l'âne n'avance pas. Il faut des objectifs que l'on peut atteindre. Le « toujours plus » ou « toujours mieux » n'est pas créateur de satisfaction. Ce sont de vieilles compulsions qui stressent ceux qui en sont abusivement victimes. Il y a un vrai plaisir de jeu à se donner des objectifs et à les atteindre, ne le galvaudons pas par excès d'appétit.

Autre menace : se laisser imposer les objectifs des autres. Si vous vous êtes laissé refiler un objectif par complaisance ou parce qu'il était imposé sans discussion possible, considérez-le comme un objectif administratif et anticipez les conséquences de l'échec. L'illusion garantit le stress, car vous serez rapidement victime du sentiment désagréable de ne pas pouvoir y arriver, surtout si l'enjeu est fort et si vous rendez des comptes.

N'adhérez pas à des objectifs auxquels vous ne croyez pas ou, si vous y êtes contraint, préparez-vous aux conséquences de l'échec.

27

Il ne s'agit pas de faire de la philosophie quand on a du temps libre, mais de trouver du temps libre pour philosopher.

... Ou pour faire autre chose. Ce que veut nous dire Sénèque, c'est qu'il ne faut pas attendre d'avoir du temps pour faire ce qui nous paraît important. Quand une personne pathologiquement occupée vous dit : « Je n'ai pas le temps pour le moment, je le ferai quand j'aurai le temps », vous avez le droit de rire, et surtout celui de ne pas compter dessus.

À l'instar des gaz qui occupent par nature tout le volume disponible, l'activité se dilue dans tout le temps dont on dispose. « Je n'ai pas le temps » signifie en langage décodé soit « je ne veux pas » soit « je ne gère pas mon temps ».

Il n'y a pas à subir le temps. Encore moins à s'en plaindre puisque c'est la chose la mieux partagée du monde : nous avons tous le même. Mais pour l'utiliser intelligemment, cela demande de tenir ses positions, vis-à-vis de soi ou vis-à-vis des autres.

Soyez capable de décider chaque matin (ou la veille au soir) de ce que vous ferez d'important dans la journée. Et faites-le en priorité quelles que soient les pressions des autres, des circonstances ou des urgences mineures.

28

Pour la réussite sociale, ce sont les premiers pas qui coûtent.

Nous avons plus ou moins de freins dans la prise de contact avec des inconnus. Moins on connaît les gens, moins on communique spontanément avec eux ; sans doute projetons-nous une fois de plus nos peurs sur l'inconnu. Même si l'anonymat des réseaux sociaux sur Internet a facilité la mise en relation, la question n'est pas totalement réglée.

Quand j'accompagne quelqu'un sur ce type de difficulté, j'entends souvent : « Je ne saurai pas quoi lui dire. » Ça tombe bien, parce qu'il vaut beaucoup mieux l'aborder dans l'autre sens. Une prise de contact est beaucoup plus facile si, au lieu de chercher à vous montrer intéressant, vous vous intéressez à l'autre. La bonne question est donc : « Quelle question pourrais-je lui poser ? »

Si vous ne savez pas quoi dire dans une prise de contact, intéressez-vous à l'autre. Si vous craignez de rester sec, ayez sous la main votre petite batterie de questions préparées. Ça n'est pas brillant mais ça évite le stress.

Pour le reste aussi, d'ailleurs, la mise en mouvement demande plus d'énergie que son entretien. Pour faciliter le premier pas, choisissez donc un tout petit pas qui vous demande un minimum d'effort. Faites-le tout de suite, puis enchaînez sur le suivant. Le mouvement se démontre en marchant. C'est en le faisant sans se poser trop de questions pour attaquer et en rectifiant ensuite qu'on fait le plus de chemin sans stresser inutilement.

Quand vous êtes déterminé sur un objectif, enclenchez l'action : décidez immédiatement d'une prochaine action à une échéance la plus courte possible, aussi petite soit-elle, dans le sens de cet objectif.

29

Un homme trop occupé ne peut rien faire de bien.

C'est un art consommé chez certains de nos concitoyens que de paraître débordés pour faire croire qu'ils sont efficaces. Pire, pour se croire efficaces. Vous rencontrez ainsi des gens qui attirent l'admiration sur leur énergie en se comportant comme s'ils étaient dans une pièce de Feydeau.

Les gens capables de vous mettre une cuisine sens dessus dessous ne sont pas nécessairement ceux qui font les meilleurs plats. Pour apprécier l'activité de quelqu'un, ne soyez pas sensible à l'agitation qu'il démontre, mais observez s'il a des résultats probants.

C'est d'ailleurs un devoir pédagogique : si vous gratifiez les efforts, vous encouragez à faire des efforts (ce qui est en soi parfaitement inutile). Si vous voulez vraiment aider quelqu'un qui a des difficultés, gratifiez-le pour de petits résultats. Vous l'aiderez à devenir efficace.

Dans une entreprise, dans tous les sens du terme, l'intérêt n'est pas l'effort dans l'investissement mais dans la productivité, c'est-à-dire ce que l'on a proportionnellement en retour.

Jugez sur les résultats, pas sur l'activité et encore moins sur l'agitation.

D'une manière plus générale, ne jugez pas l'apparence mais le fond. Méfiez-vous des gens qui ont l'air sérieux. Encore plus de ceux qui affichent leur stress. Les gens gais et détendus sont souvent beaucoup plus efficaces.

Ne croyez pas que les gens qui prennent l'air sérieux soient plus efficaces que ceux qui sont gais et détendus. Ce serait plutôt le contraire.

30

Il faut que tout effort ait un but précis, un objectif déterminé.

Que voilà une manière simple d'augmenter son efficacité : se demander, avant de se lancer dans une action, à quoi on veut arriver pour pouvoir considérer que l'action entreprise sera terminée. Sur un plan professionnel, je vous recommande de l'obtenir de votre commanditaire avant d'attaquer. C'est un basique, peut-être le plus important, du management de projet.

Parce que, au fond, il n'y a que des actions terminées qui soient utiles. Tout ce qui est entrepris et laissé en plan ne sert à rien, sauf à vous encombrer l'esprit et, par là même, à vous stresser, en vous susurrant : « Il faudra que je pense à finir… », « Il ne faut pas que j'oublie… », etc.

Imaginez comme vous auriez l'esprit détendu et disponible si vous n'aviez rien en cours. C'est le cas que j'observe chez les gens les plus disponibles.

Il faut avouer que cela demande une qualité adjacente : ne pas accepter de commencer ce que vous ne pourrez faire aboutir. On ne peut pas compter sur quelqu'un qui ne dit jamais non.

Quand vous commencez, persistez sans faillir jusqu'au résultat que vous aviez défini.

Ne vous inquiétez pas de ce que vous ne commencez pas. Les cimetières sont pleins de gens indispensables.

31

L'estomac n'est pas débarrassé du mal de mer au moment où il n'est plus sur les flots.

Lorsque vous êtes stressé, le malaise est présent. Physiquement et mentalement. Même si vous en supprimez la source, la manifestation reste. Ceci est vrai pour toutes nos manifestations émotionnelles, tels le chagrin ou la colère.

Nous portons un corps matériel, pour le meilleur et pour le pire. Et ce corps a ses règles en ce qui concerne la résorption des émotions. Le temps et la matière sont indissolublement liés : dès qu'il faut faire bouger la matière, cela prend du temps.

Lorsque l'émotion s'est manifestée, elle ne vous quitte donc pas aussi vite que l'idée. Il faut l'accepter avec simplicité et humilité. Lorsque vous êtes agacé par quelqu'un (par exemple par une queue de poisson en voiture), l'agacement va durer après que le fauteur de trouble a disparu. Et ceux qui vous entourent risquent d'en subir désagréablement les conséquences. Une réaction en chaîne à éviter donc autant que possible.

Pour calmer une manifestation émotionnelle, prenez le temps de respirer profondément et calmement, en mettant toute votre attention sur ce que vous ressentez.

Observez calmement vos ressentis et vos manifestions émotionnelles. Analysez-les tranquillement en essayant de les définir. Acceptez que ça prenne un peu de temps.

32

C'est le propre des malades de ne rien supporter longtemps et d'user du changement comme un remède.

La vie de Sénèque a été riche en rebondissements. Ce n'est pas lui qui va nous dire qu'il faut craindre le changement. Interprétons plutôt, dans son propos, que le changement ne doit pas être une fuite devant les difficultés. Une leçon de plus sur la persistance.

L'incapacité à persister dans l'obstacle est une source d'échec fréquente. Attention : persister ne veut pas dire s'entêter. Persister, c'est faire tout ce qui peut être fait dans un axe donné tant que la solution paraît possible. S'entêter, c'est ne pas considérer d'autres alternatives quand la solution ne paraît plus possible.

La persistance est sans doute la première qualité de la réussite. On pourrait presque affirmer qu'avec une persistance infinie tout est possible.

Mais pourquoi la persistance joue-t-elle un rôle important dans la réduction du stress ? Parce qu'elle donne droit à l'erreur : si je ne réussis pas ce coup-ci, je réussirai le suivant, et tant que je n'ai pas fait tout ce qui est possible, je n'ai rien fait.

Cette conscience d'avoir bien fait jusqu'au bout du possible enlève le stress, parce qu'on n'a rien à se reprocher.

Viser la réussite, mais se donner toujours le droit à l'échec et avoir des solutions de repli.

Ne pas persister à cause du stress est une fuite. Or on retrouve toujours ce que l'on fuit. Ce qui nous fait peur a de l'ascendant sur nous tant que nous ne lui faisons pas face.

Persister dans la difficulté, ne pas se laisser arrêter par ses peurs, tant que la solution paraît possible.

Ne rien fuir : faire face quoi qu'il en coûte.

33

On est toujours plus fort quand on s'est préparé. On résiste même aux coups durs quand on les a prévus.

On connaît le proverbe : « L'avenir sourit aux gens bien préparés. » Laissons de côté toute dissertation sur le rapport entre le temps à consacrer à la préparation et celui consacré à l'action, pour nous concentrer sur ce qui nous intéresse ici, le stress. Sachez que pour un certain nombre de situations, la préparation est une clé remarquable. Pourquoi ?

L'angoisse naît souvent de la peur de ne pas savoir quoi faire, quoi dire ou comment réagir. Ce stress-là disparaît tout naturellement quand vous savez avec certitude ce que vous allez dire ou faire. Non seulement si tout va bien, mais également en cas de difficulté si vous devez vous récupérer. Un bon filet diminue le stress du trapéziste.

Chuck Yeager, le premier homme qui ait passé le mur du son, a confié à l'un de mes bons amis au cours d'un dîner que, dans chacun de ses vols d'essai, il avait une fenêtre de sortie pour chaque situation prévisible.

Prenons l'exemple courant d'une intervention en public ou d'une interview. Qui n'aurait pas une petite montée d'adrénaline quand on lui présente le micro ?

Les professionnels s'en protègent par des fiches préparées (introduction, idées fortes, phrases clés, plan...) auxquelles ils peuvent avoir recours en cas de « trou ». C'est ce qui leur permet d'improviser en toute décontraction.

On raconte qu'un orateur français réputé (dont j'avoue ne pas avoir retrouvé le nom), surprenant l'assemblée en parlant exceptionnellement avec un papier dans la main, aurait déclaré : « Excusez-moi, messieurs, je n'ai pas eu le temps d'improviser. »

Si vous intervenez en public (sans lire un texte), disposez d'une antisèche avec : votre phrase d'introduction, votre plan et vos messages clés. Vous éviterez le stress du trou.

34

En toute chose, considère la fin et laisse tomber le superflu.

Sénèque ajoute que « nous n'avons pas trop peu de temps, mais que nous en perdons beaucoup ».

C'est fou ce qu'on fait comme choses inutiles alors que nous nous plaignons du manque de temps. Mais c'est quoi, quelque chose d'utile ? Quelque chose qui nous permet d'arriver à un résultat que l'on recherche, aurait dit sans hésiter le maréchal de La Palisse.

Il ne faudrait pas que ça vous empêche de prendre tranquillement l'apéritif avec de bons amis, mais lorsque l'on a un souci de productivité, la réponse à la question « À quoi ça sert ? » ne doit jamais être perdue de vue.

Mais quelques ennemis sournois veillent :

Le premier est l'habitude : on fait parce qu'on a toujours fait comme ça, alors on ne se pose pas de question.

Le deuxième, ce sont les obligations nées d'idées fixes ou de normes sociales, un sens du devoir non réfléchi, ou simplement parce que quelqu'un de crédible nous l'a dit. Alors on le fait, en bougonnant un peu éventuellement, mais comme « on doit ». On ne juge plus, on lâche sa responsabilité personnelle.

Le troisième est l'urgence : comme il faut le faire vite, on agit sans même considérer le degré d'importance.

Et on se croit efficace, simplement parce que l'on dépense un maximum d'énergie et qu'on a « à peu près » tout fait plus ou moins dans les délais. Alors que, bien au contraire, dès que l'on manque de temps, il ne faut pas se presser excessivement et encore moins stresser. Il faut choisir ce qui est le plus utile et le faire bien.

Quand vous avez la pression du temps, ne cherchez pas à en faire plus, mais à mieux choisir ce que vous allez faire bien.

35

Le plus grand obstacle à la vie est l'attente, qui espère demain et néglige aujourd'hui.

Il faut pas mal d'expérience pour comprendre que ce dont on ne s'occupe pas a peu de chance d'avancer.

On se laisse aller à croire qu'en attendant les choses vont arriver. On est souvent déçu. Parfois même on stresse parce que l'on s'impatiente ou parce qu'une de nos échéances est mise en péril. On se dit que « ça n'avance pas ! », on se demande « que fait le responsable ?! »…

Une seule règle pour être tranquille : considérer que tout ce dont on ne s'occupe pas ne progresse pas. Si c'est vous qui en avez la charge, ça tombe sous le sens. Contentez-vous d'appliquer l'enclenchement vu à la citation 22.

Mais si c'est quelqu'un d'autre qui doit s'en occuper, ne vous contentez pas de demander puis d'attendre. Assurez-vous que la personne en question s'est engagée sur une échéance et relancez dès qu'elle est atteinte. Ne vous contentez jamais d'un « je vais le faire rapidement » ou autre phrase de dégagement en touche.

Si vous avez raté le coche pour ce qui est d'obtenir un engagement de délai, prenez l'initiative de vous informer sur l'avancement. Pour ne pas agacer (si c'est un client, votre patron ou votre conjoint...), trouvez un bon prétexte pour appeler, par exemple donner une information.

Gardez toujours un œil et un devoir d'initiative sur tout ce qui vous concerne. N'attendez jamais dans le doute, ou alors ne soyez pas surpris que le projet soit bloqué.

Partez du point de vue qu'aucun dossier, projet ou tâche n'avance si vous n'agissez pas pour le faire avancer.

Obtenez systématiquement un engagement sur un délai de la part des gens à qui vous demandez quelque chose.

36

Il y a plus de choses qui nous font peur que de choses qui nous font mal.

Sénèque complète cette idée au fil de ses œuvres : « Notre douleur, nous l'augmentons, nous l'anticipons, nous l'inventons » ou encore : « Ce qui arrive aux esprits mobiles et peu éclairés : ils se frappent de ce qui n'est qu'imaginaire », et pour bien enfoncer le clou : « Ce sont les maux imaginaires qui créent le plus de trouble. »

Notre philosophe revient souvent sur ce point, crucial dès que l'on aborde le développement personnel. Que ce soit pour la quête du bonheur en général ou la gestion du stress en particulier.

On pourrait rassembler ces idées sous le concept de responsabilité, si l'on prend l'origine anglaise de l'étymologie du mot : *response ability*, autrement dit l'aptitude personnelle à trouver une solution.

La pire chose à faire en matière de stress est de se contenter d'en attribuer la cause à l'extérieur alors que le stress n'est qu'une manifestation intérieure.

Le stress est une réalité physiologique qui résulte de l'interprétation d'une perception. La preuve, déjà citée, est que ce qui vous stresse en laisse d'autres indifférents et réciproquement.

L'idée est sévère *a priori*, mais il faut se pénétrer du principe que, pour vivre serein, il faut changer son attitude mentale. Chaque événement peut être considéré avec crainte ou avec admiration et plaisir. C'est une affaire de point de vue plus que de réalité.

Prenez la responsabilité entière de votre stress, n'en accusez pas votre environnement. On ne peut prétendre changer ce qu'on ne peut créer.

L'accoutumance est la voie royale pour la diminution du stress, mais elle demande d'en prendre l'entière responsabilité.

37

Le propre de la joie, c'est d'être infinie et irréversible.

Notre philosophe préféré explique que « les joies liées aux événements sont porteurs de peines futures ». Par exemple, si je me réjouis d'avoir gagné une partie de cartes ou une compétition sportive, je dois me préparer à augmenter ma peine si je ne fais pas aussi bien la prochaine fois. Plus je gagne d'argent, plus j'augmente ma frustration lorsque j'en aurai moins. Par une logique parfaitement systémique, j'augmente mes exigences quand je progresse, dans quelque domaine que ce soit. Donc mes risques de déception. Donc potentiellement mon stress.

La pensée bouddhiste, comme celle de tous les mystiques, nous encourage d'ailleurs à ne pas augmenter nos possessions. Celles-ci nous apportent un contentement provisoire, mais créent automatiquement une peur grandissante de les perdre.

J'avoue que le dénuement n'est pas très attirant. Reste heureusement la possibilité de jouir des biens matériels en nous efforçant de nous en passer régulièrement pour ne pas s'y attacher excessivement.

C'est dans cette droite ligne que Sénèque nous invite à une joie qui repose totalement sur notre paix intérieure. Elle ne dépend que de nous et rien ne peut donc nous la retirer. Et dans cet univers-là, pas de stress.

Cette joie se recherche dans une certaine distanciation. Elle se travaille par la méditation, qui permet d'échapper progressivement aux pensées parasites compulsives, mais aussi en se libérant des peurs dramatisées qui nous attristent. Notre esprit est d'autant plus libéré pour la joie que notre dépendance aux biens ou aux honneurs est faible.

Efforcez-vous de ne pas fuir systématiquement les situations de stress. Recherchez plutôt la paix intérieure qui vous en mettra totalement à l'abri, par la méditation par exemple.

Entraînez-vous à être joyeux sans avoir besoin d'une raison.

38

Trois choses sont à éviter : la haine, l'envie et le mépris.

Dans la famille émotions, demandez la joie. Les autres sont de moins bonne compagnie. Les trois émotions dont parle Sénèque sont à la fois désagréables à vivre, pénibles pour votre environnement et elles perturbent vos communications.

Les émotions sont contagieuses. Les bonnes comme les mauvaises. Si vous êtes souvent animé d'une émotion qui rend la communication désagréable, comme chacune des trois présentées ici, vous devez la retrouver fréquemment en face de vous, et ça doit rendre votre relation aux autres plutôt pénible. Autrement dit, si vous vous plaignez de rencontrer souvent des gens de méchante humeur, ne cherchez plus : vous en êtes certainement la source. Plus on travaille ses émotions, plus on se rend compte que l'on est pleinement responsable des émotions des gens que l'on a en face de soi.

Avant de vous adresser à quelqu'un, si vous souhaitez un entretien agréable, mettez-vous dans de bonnes dispositions émotionnelles. Souriez, soyez disposé à l'aimer et à l'admirer. Si vous faites partie des gens qui pensent que l'on n'a pas d'influence sur ses émotions ni sur celles des autres, sachez que vous vous privez d'un antistress de premier ordre.

Quand vous vous adressez à quelqu'un, efforcez-vous d'être énergique, joyeux et de ressentir de la sympathie pour lui.

39

Les hommes ont plus de mal à obtenir le repos d'eux-mêmes que de la loi.

Avec la loi, on pourrait penser que le « pas vu, pas pris » permet de s'en sortir sans le moindre malaise.

Certains de nos congénères ont l'art d'en profiter (quand ce n'est pas nous-même, mais dans ce cas-là ça nous choque moins). Si nous sommes en désaccord avec la loi en question, on pourrait même avoir la conscience parfaitement en paix.

Il n'en va pas de même avec soi-même : ce que l'on réussit à refouler dans notre inconscient ne nous laisse pas la conscience tranquille. Les personnes qui sont passées aux aveux en conviennent unanimement.

L'éthique de responsabilité dont parle Max Weber demande de respecter ses convictions dans toutes ses décisions. Cette honnêteté-là nous rend invulnérable : on n'a rien à se reprocher. Et nous serons toujours notre plus dur censeur.

Ne transigez pas avec vous-même : décidez et communiquez ce qui est vrai et juste pour vous en conscience.

40

Les larmes débordent même quand on les retient et en s'écoulant elles apaisent le cœur.

On en sait aujourd'hui plus que jamais sur les émotions, mais notre complexité neurobiologique est telle qu'il reste des phénomènes inexpliqués quoique observés de manière constante. Notamment que l'expression par le langage nous libère. Pourvoir parler à quelqu'un qui nous écoute, nous estime sans nous juger et montre qu'il nous comprend, a des vertus thérapeutiques indéniables. Les émotions n'y échappent pas et s'évacuent par la communication.

En revanche, elles laissent des traces si on les retient. Elles s'accumulent comme dans une Cocotte-Minute et la pression monte si on en accumule trop. Si cette pression devient trop forte, votre soupape de sécurité fonctionne inopinément et celui qui passe par là ou qui dit la phrase de trop se prend l'excès de vapeur. Ça va mieux pour vous sur le coup, mais ça laisse des traces : la cible n'est pas bonne et la réaction est excessive.

C'est toutefois moins grave qu'une absence totale de fuite : si la soupape est trop serrée (vous affichez un flegme britannique jusqu'au bout malgré la pression), vous risquez une somatisation progressive, parce que votre système immunitaire et votre bon fonctionnement hormonal en prennent un coup.

C'est la raison pour laquelle les conflits ouverts ont un caractère utile. Ils permettent d'évacuer les charges émotionnelles.

N'oubliez pas que la peur des conflits peut empêcher la communication nécessaire au traitement des désaccords. Il en résulte des tensions qui vont créer un stress collectif chronique.

Fort heureusement, les charges émotionnelles du passé disparaissent lorsqu'on en parle, surtout si l'on en mentionne la source exacte. Il faut en profiter sans réserve, en sachant dire simplement ce que l'on ressent de désagréable à ses interlocuteurs et pourquoi. Comme quelque chose que l'on constate simplement, sans les en accuser bien évidemment.

Quand vous éprouvez une émotion désagréable, exprimez-le comme un fait constaté.

41

De tous ces maux qui semblent effrayants, aucun n'est invincible.

Encore une bonne nouvelle : quelles que soient vos difficultés avec le stress, il y a une lumière au fond du tunnel. Surtout quand on est convaincu que la peur n'évite pas le danger et que l'on sait que le stress ne résout pas nos problèmes. On peut sans scrupule s'en prendre à lui dès qu'il devient désagréable.

La condition pour réussir, en dehors de la détermination et du courage qui vont avec, c'est de trouver le bon équilibre entre ne pas vouloir aller trop vite et ne pas se décourager. En faire suffisamment pour avoir des résultats, et ne pas en faire trop pour ne pas se décourager. Il faut trouver la pente que l'on monte sans fatigue.

Il n'y a pas d'escalier que l'on ne puisse monter avec le temps, à condition que les marches ne soient pas trop hautes. Idéalement, il faut en faire un jeu. Se donner de petits objectifs et se faire plaisir en cherchant à les atteindre.

Transformez en jeu la gestion de votre stress. Donnez-vous un objectif qui vous paraît réaliste sur un délai acceptable, faites-vous un plaisir de courir après et réjouissez-vous de l'atteindre. Sans oublier de vous en donner immédiatement un autre…

42

Celui qui fait peur a peur. On ne peut être à la fois redoutable et à l'abri.

La raison du plus fort est toujours la meilleure, pensait le loup de la fable. Le concept de mâle dominant, plutôt par la force que par la générosité, a la vie dure. D'autant que, par certains côtés, il s'avère efficace.

Le management « par la soumission », qui fait appel à la force du pouvoir établi, permet d'obtenir rapidement un certain nombre de résultats. Mais il ne génère pas un degré de motivation durable, surtout si la menace s'éloigne. Quand le chat n'est pas là, les souris dansent.

Heureusement, le leadership peut s'exercer « par l'adhésion ». Il fait appel à l'esprit de jeu et à l'envie de contribuer à une réussite, qui sont des motivations naturelles chez tout individu sain d'esprit. Il s'exerce dans le respect des gens et ne fait pas appel à la contrainte. Il a lui aussi ses limites et consomme plus de temps au départ, mais il permet d'obtenir des gens le meilleur de leur énergie de façon durable.

Hermann Hesse disait que tout ce qui est obtenu par la force ne peut créer à terme que la haine et la guerre. Faire appel à l'énergie librement déterminée amène à la joie. Aimez et respectez les gens, et vous serez respecté. Avec la force, vous serez détesté, et vous aurez fatalement un certain stress en retour.

Quand vous en avez le temps, cherchez à déclencher l'envie plutôt que d'utiliser la peur. Vous obtiendrez de meilleurs résultats dans la durée, et la joie remplacera le stress dans votre entourage.

43

Ceux qui ont décidé de se lamenter, il faut les reprendre tout de suite et leur apprendre que les larmes même peuvent être déplacées.

Il est de bon ton de plaindre les gens qui ont des problèmes. Marquer sa compassion est un acte de sympathie, totalement naturel et qui plus est socialement en vigueur. Mais il montre vite ses limites en termes d'aide. À trop plaindre, on encourage à poursuivre et à en rajouter. On nourrit le mécanisme d'une demande affective qui peut tendre à devenir compulsive : se plaindre devient un moyen d'obtenir l'attention et l'affection de son entourage.

Il y a plus funeste : plaindre, c'est enlever à une personne la capacité d'initiative nécessaire pour s'en sortir. C'est lui éviter de comprendre le rôle qu'elle a eu elle-même pour en être là, d'envisager les possibilités de s'y prendre autrement la prochaine fois pour éviter le syndrome de répétition.

C'est l'encourager à rester dans cette situation pour continuer à bénéficier de la sollicitude et de l'aide sans contrepartie. Bref, c'est insidieusement détruire son potentiel à prendre sa vie en mains.

Il est moins confortable de dire : « Qu'as-tu fait pour en arriver là ? » ou « Que comptes-tu faire pour t'en sortir ? » que de dire : « Mon pauvre vieux, tu n'as pas eu de chance. » C'est pourtant un bien meilleur moyen pour faire sortir quelqu'un du tunnel.

Le stress n'y échappe pas : il ne peut se dominer que si l'on se donne les moyens de le réduire, si l'on s'en considère comme la source, sans se défausser sur son environnement. Les moyens ne manquent pas, au travers des propositions de ce livre. Peu importe celui que l'on choisit, si l'on prend les choses en mains sans attendre que d'autres s'en chargent à notre place.

Plaindre est légitime, mais ce n'est pas aider. Pousser les gens à regarder leur responsabilité dans une situation est la voie qui peut leur permettre de s'en sortir.

44

Le signe le plus certain de la vraie grandeur, c'est que nul élément ne puisse nous émouvoir.

Nous ne pouvons nous passer d'un corps dans ce monde et jusqu'à nouvel avis il fonctionne avec des émotions. Sans elles, la neurologie a démontré que nous serions incapables de prendre une décision. Il n'est donc pas question de chercher à ne pas en avoir. L'idéal recherché n'est donc pas de les éliminer mais de ne pas en dépendre, de ne pas les laisser l'emporter sur notre raison, ne pas les laisser nous troubler et encore moins nous faire souffrir.

La capacité à les observer, les analyser, à savoir en parler librement et parfois à les laisser s'exprimer est un moyen efficace de garder sur elles un certain recul.

Mieux encore, on peut apprendre à les changer. Parmi les bonnes recettes, sachez que l'on peut associer une émotion heureuse à un geste spécifique. Par exemple, quand vous êtes gai (émotion), vos zygomatiques se soulèvent (geste spécifique), c'est une association relativement universelle dans notre culture.

Ce qui vous étonnera peut-être davantage, c'est de constater que lorsque vous relevez vos zygomatiques (souriez), cela a tendance à vous rendre plus gai. C'est le fondement de la technique d'ancrage, sur laquelle la PNL (Programmation neurolinguistique) propose un protocole très simple et remarquablement efficace.

Renseignez-vous sur les techniques d'ancrage émotionnel, par exemple celle de la PNL. Elles vous aideront à vous mettre dans des émotions favorables de votre choix.

45

Veille à ne jamais rien faire contre ton gré.

Faire quelque chose contre son gré, c'est le faire à contre-cœur. C'est ne pas en avoir sincèrement envie, mais le faire par complaisance, soumission ou devoir. Faire parce qu'on s'y « sent obligé ».

La complaisance, c'est dire ou agir pour plaire. Le but n'est que l'image de soi. La soumission, c'est la peur des représailles ou peut-être simplement celle de déplaire, d'entrer en conflit ou de perturber un lien affectif. Mais dans tous les cas, c'est la création d'un lien de dépendance. Pas confortable, mais au moins on sait à qui s'en tenir.

Beaucoup plus redoutable est le sens du devoir. C'est une vertu utile. Mais parfois entachée de croyances ou d'idées fixes, sur lesquelles on ne s'autorise pas à avoir un avis libre. Les croyances échappent à notre libre arbitre, parce qu'elles ne sont pas « conscientisées » comme telles. Ce sont des certitudes que l'on ne veut pas remettre en cause.

Ces idées fixées dans notre mental vont obérer notre pouvoir de choix. Si vous vous entendez dire ou penser quelque chose du genre : « J'aimerais bien ploumploum, mais je dois ploumploum », arrêt immédiat warnings allumés : vos envies et vos croyances sont peut-être en conflit. Faites une introspection. Un devoir n'est une vertu que s'il est librement décidé et consenti. N'adhérez pas à un code moral parce qu'on vous l'a dit ou parce que c'est l'usage, mais parce qu'il a du sens pour vous.

N'adhérez à des règles morales que librement et si vous y trouvez du sens.

46

Des caractères doux émoussent peu à peu et font disparaître les aspérités du nôtre.

Nos émotions sont contagieuses. Pardonnez-moi de le répéter, mais c'est tellement important : nous pouvons contribuer à créer des émotions favorables chez nos interlocuteurs. Et puisque nous y sommes, pourquoi ne pas en profiter en utilisant ce phénomène dans l'autre sens ? Nous pourrions profiter utilement des bonnes émotions de ceux qui nous entourent.

Vous connaissez certainement des gens qui sont aux frontières de la pathologie sur le plan des émotions : bouffées d'agressivité, colères incontrôlées ou à l'inverse une atonie mélancolique.

D'autres ont des peurs telles qu'ils ne peuvent se comporter avec authenticité ni exprimer leurs sentiments réels. Autant de fléaux potentiels pour votre stress. Grâce au ciel, vous en connaissez certainement qui, au contraire, expriment le plus souvent la joie, l'enthousiasme et qui voient la vie du bon côté.

Quand vous avez le choix, privilégiez ceux-ci et évitez les autres. Je sais que ce n'est pas toujours possible mais, à défaut, si vous n'avez pas la pêche le matin, si vos émotions sont en désordre à un moment de la journée, prenez contact quelques minutes avec au moins un de ces amis ou collègues qui vous remontent le tonus et la bonne humeur quasi instantanément.

Utilisez votre service « SOS amis joyeux » : disposez d'une courte mais bonne liste d'amis dont vous savez que leur registre émotionnel tourne le plus souvent dans les zones de la joie et de l'enthousiasme et, en cas de stress, assurez un petit contact pour vous doper le mental.

47

Il est facile de surprendre l'instant où naît la passion… ces tourments qui assaillent nos âmes grondent avant d'éclater.

Encore une bonne combine de Sénèque pour nous aider à apprivoiser peu ou prou notre fonctionnement mental et nous permettre de ne pas nous laisser émouvoir au point de ne pas raison garder : le mécanisme émotionnel n'est pas toujours instantané. Nous pouvons avoir le temps de repérer des signes annonciateurs et même le stimulus déclencheur. Il est rare qu'une colère ne soit pas précédée d'un léger agacement par exemple. Il est rare également que ce qui nous perturbe fortement une fois n'ait pas le même effet à chaque fois.

Repérer le mécanisme à son départ permet de lancer un plan de crise avant le drame. Il prévoit d'abord d'observer ce qui se passe autour de nous, d'analyser l'émotion naissante. Faites l'effort pendant une semaine de noter chaque soir les moments d'émotion que vous regrettez et notez ce qui s'est passé et ce que vous avez ressenti avant.

Une fois ce dispositif d'alerte établi, mettez au point un processus de substitution. Il s'agit d'un comportement ou d'une attitude qui vous paraîtrait approprié à la situation, qui aurait pour vous un effet de libération suffisant et que vous pourrez contrôler. Utilisez-le dès que vous observerez ou ressentirez les signes annonciateurs.

Je vous donne un exemple.

Polo avait une difficulté : il ressentait un fort agacement à chaque fois que quelqu'un faisait une remarque sur sa manière de faire quelque chose. Il avait donc souvent des réactions un peu vigoureuses et non appropriées qui choquaient son entourage. Après avoir bien identifié la forme des reproches qui le restimulaient et avoir accepté l'existence du phénomène, il s'est entraîné à respirer profondément et à sourire dès qu'il l'entendait, avant d'exprimer quoi que ce soit en retour. Ensuite seulement, il devait dire, toujours en souriant, « c'est curieux, mais je ressens une impression désagréable quand on critique ma manière d'agir ». Aux dernières nouvelles, non seulement il a beaucoup plus rarement des réactions exagérées, mais de surcroît, le fait de domestiquer ce phénomène l'amuse beaucoup.

Sur une émotion qui vous est désagréable, établissez un mécanisme de substitution :

- **Identifiez la réaction que vous n'aimez pas avoir ;**
- **Acceptez dans un premier temps d'en être le témoin et admettez qu'elle fasse partie de votre naturel ;**
- **Identifiez la source de la restimulation, c'est-à-dire ce qui se produit avant qu'elle ne se déclenche ou ce que vous ressentez en premier lieu ;**
- **Déterminez un mécanisme de substitution, c'est-à-dire une attitude ou un comportement qui vous paraîtrait approprié et agréable pour vous, et qui soit libératoire de vos émotions ;**
- **Mettez en route ce mécanisme dès les signes annonciateurs.**

48

Une bonne raison de progresser : apprendre à aimer

Aimer est un mot employé de manières assez diverses au point que son sens peut prêter à confusion. Prenons-le ici au sens le plus large du terme, comme une envie de se rapprocher, voire de se confondre (à ne faire qu'un, comme l'on dit) avec ce qu'on aime.

Au point que nos sensations incluent la personne ou l'objet concerné.Qu'il s'agisse d'une raquette de tennis ou d'un être cher. Nous nous ressentons vibrer en harmonie, nous éprouvons de l'admiration, nous sous sentons en parfaite empathie. Les chimistes parlent d'affinité pour décrire ce besoin incoercible qu'ont certaines molécules à se lier.

Tout au contraire, on cherche à fuir ou à anéantir ce qui nous fait peur. Et l'incapacité à le faire ou la difficulté à y parvenir nous amène à un état de stress aux conséquences fâcheuses.

Nous allons, selon les cas et notre tempérament, soit nous en prendre à la personne ou l'objet concerné, soit prendre la fuite, soit nous contiendrons nos pulsions et cela créera un malaise intérieur, des somatisations en prime.

De là à penser que l'amour pourrait diminuer le stress, il n'y a qu'un pas, que je n'hésite pas à vous proposer de sauter, au moins à titre expérimental.

Je vous entends pourtant déjà me dire : « On n'aime pas ce qu'on veut, et encore moins qui on veut. Je suis prêt à aimer tout ce qui m'est agréable et sympathique mais certainement pas le reste. »

Je comprends. Nous ressentons bien davantage le besoin d'être aimé que celui d'aimer. Même s'il n'était pas conscient, le nourrisson que nous avons été ressentait que le manque d'affection représentait un grave danger.

Peut-être est-ce une raison pour laquelle nous conservons cette soif d'être aimé, au point que nombreux sont ceux qui souffrent de dépendance affective.

Mais comment faire pour être aimé ? Si on ne fait rien, on risque d'attendre longtemps. Heureusement, Sénèque fournit une fois de plus un bon conseil à son ami Lucilius : « Si tu veux être aimé, aime. » Surtout pas des leurres tels que la complaisance ou la séduction, qui sont plus des façons de tenter de se faire aimer que d'aimer vraiment.

Pour être aimé, il ne s'agit surtout pas de chercher à l'être, mais de commencer par aimer sans condition tout ce dont on attend un retour équivalent.

Aimer est une espèce de ressenti de la conscience, une vibration de l'esprit que l'on peut créer à volonté. Avec un peu d'habitude, on se rend compte qu'il suffit de le vouloir pour le ressentir. Mais au départ, vous pouvez utiliser les moyens suivants :

- Quand il s'agit d'objets, par exemple un vélo à réparer, prenez le temps, au lieu de râler sur la mécanique encore en panne, d'observer, de comprendre, de toucher, entendre, voir et sentir l'objet, comme s'il vous était cher ;

- Pour les êtres, trouvez des points communs. Tout un chacun a un point commun avec vous, dit le Dalaï Lama : il cherche à être heureux sur cette planète. Considérez-le sous cet angle et vous ressentirez un minimum de compréhension puis d'affinité pour lui.

Créez le plus possible la sensation d'amour pour ce qui vous entoure, vous diminuerez considérablement votre stress.

Admirez spontanément les gens qui vous entourent, trouvez des points communs avec eux.

Sentez-vous proche des choses, touchez-les avec affection, regardez-les avec amour, travaillez-les avec passion.

49

Il est fou de juger un homme à son vêtement ou à sa position sociale, qui n'est après tout qu'un vêtement qui nous recouvre.

Au palmarès des sources de stress vient en bonne place une crainte de l'autorité. Il peut arriver que nous soyons impressionnés par le statut social ou la position de pouvoir (hiérarchique, par exemple). Peut-être un vieux relent de l'autorité parentale. Nous pouvons nous sentir privés de notre liberté d'expression ou de décision.

Les célèbres expériences de Milgram (que vous avez peut-être vues retraduites dans le film *I comme Icare*) ont démontré que nous étions sensibles aux injonctions d'une autorité reconnue au point de faire souffrir ou de tuer, et ce dans une proportion saisissante.

Les fondements du nazisme ne sont pas chez Hitler, ils sont dans l'homme. Le « petit homme » décrit sans ménagement par Wilhelm Reich.

Ce stress peut être lié à une peur de représailles ou simplement à celle de donner une mauvaise image de soi.

Un bon moyen d'éviter cela est de ne pas chercher à présenter une image différente de qui l'on est réellement. Encore faut-il s'aimer tel que l'on est.

Comme vous êtes certainement la personne avec laquelle vous passerez le plus de temps dans l'avenir, je vous conseille fortement d'y travailler si ce n'est pas le cas.

Soyez et aimez la personne que vous êtes.

Si une personnalité vous impressionne par son statut ou sa personnalité, imaginez-la dans les situations les plus ordinaires de la vie privée. Ce n'est jamais qu'un être humain.

50

Une bonne recette pour être tranquille consiste à ne blesser personne.

Rabaisser les autres est un réflexe de défense bien excusable. C'est en effet l'une des manifestations de l'agressivité, qui est l'un des effets naturels du stress.

Nous n'en venons heureusement pas systématiquement aux mains, ce qui serait pourtant notre tendance biologique, mais fort heureusement mal acceptée dans les milieux correctement éduqués. Pour éviter tout débordement dans les sociétés organisées, l'usage de la force est ainsi réservé à l'État.

Pour ne pas être en reste, nous nous rabattons donc sur des formes plus convenables mais assez destructrices néanmoins : reproches, insultes, médisance, rumeur, calomnie et autres moyens de toutes sortes pour nuire à l'ennemi.

Bon, ça soulage, mais ce n'est que très provisoire, car vous semez des graines de discorde qui ne vous laisseront pas tranquille longtemps, surtout si vous êtes coutumier du procédé.

Il ne faut pas craindre d'avoir des ennemis, mais vous en aurez d'autant moins que vous saurez tenir vos positions sans pour autant blesser quiconque.

On doit à Éric Schuller l'expression « ni hérisson, ni paillasson » qui résume en creux ce que doit être une communication adéquate en toutes circonstances.

L'art de la communication efficace, associé à une bonne pratique de la négociation constructive, permet de ne pas semer derrière soi des gens qui ont un compte à régler avec vous. C'est probablement ce qui fait dire qu'un mauvais accord vaut mieux qu'on bon procès. Alors, si vous imaginez un bon accord possible, il n'y a pas photo.

Pratiquez une « communication efficace » qui permet de dire tout ce qui doit l'être sur un sujet mais sans restimuler d'émotions négatives chez vos interlocuteurs : limitez vos communications à des faits et des souhaits. Si vous voulez animer l'échange, utilisez des questions. Si vous êtes mal à l'aise, dites ce que vous ressentez. Évitez soigneusement les affirmations générales, les reproches, les accusations ou les plaintes qui stimulent les émotions négatives et n'apportent rien de constructif.

51

Le souvenir des amis défunts m'est doux et agréable. Je les avais comme si je devais les perdre un jour. Je les ai perdus, et c'est comme si je les avais toujours.

Nous nous attachons aux gens comme aux choses. Toute perte est vécue comme une frustration, souvent même une menace. Nous n'aimons pas ça, et c'est bien normal.

Perdre un être cher est une grande douleur affective que nous ne souhaitons à personne, bien que nous la sachions inéluctable sur la durée d'une vie. Pourtant Sénèque, dans l'une de ses lettres, conseille Lucilius sur ce point : « Si tu avais subi la disparition d'un ami, il faudrait t'efforcer de te réjouir de l'avoir eu plutôt que de te désoler de l'avoir perdu. »

Réjouissons-nous de notre « capital souvenir » autant que de notre capital réel. Et travaillons à le construire : il est inaltérable, au moins tant que nous avons notre mémoire.

Elisabeth Kübler-Ross, médecin connu pour son travail sur la fin de vie et les soins palliatifs, a mis en évidence que le deuil amenait à traverser cinq phases successives dont il ne fallait pas espérer faire l'économie : le déni, la colère, le marchandage, la dépression et l'acceptation.

Ce principe a été depuis largement transposé à la gestion de toute perte, y compris l'accompagnement d'un changement dans les organisations.

Pour éviter le stress lié à un traumatisme, une perte ou un changement brutal imposé, il est conseillé de traiter consciemment ces phases : regarder les faits et la réalité sans la fuir, accepter et analyser ses ressentis, se projeter dans le futur le plus rapidement possible par ses décisions et ses actions.

Créez votre banque de souvenirs agréables et revivez-les le plus complètement possible en y replaçant tous vos sens et en retrouvant les émotions associées.

Anticipez les phases naturelles du deuil pour toute perte ou accompagnement du changement.

52

Commence déjà à être l'ami de toi-même. Tu ne seras jamais seul.

Il est bon d'avoir des amis et de fréquenter assidument une bonne société. Mais attention à ne pas sombrer dans l'addiction. Si vous supportez mal de rester seul, vous aurez un pincement désagréable avant les moments de possible solitude.

Quel dommage, quand on sait que l'on est la personne avec laquelle on a le plus de chance d'avoir à passer un moment. Sénèque nous recommande donc de savoir nous apprécier à notre bonne valeur pour que nous nous sentions en bonne compagnie lorsque l'on est en tête à tête avec nous-même. Bref, une bonne estime de soi.

J'ai une autre idée à vous proposer, plus facile d'accès : ce qui est agréable avec un ami, c'est de pouvoir échanger librement en toute complicité. Pratiquez donc le dialogue avec vous-même. Notre système mental est complexe et vous remarquerez, si vous en faites l'expérience, qu'il répond à vos questions.

Jung ouvre la porte de ce dialogue et offre la voie pour chacun de recréer un dialogue intérieur, permettant une recherche de sa vérité personnelle. Même si des précautions sont à prendre : « Une confrontation réelle avec l'inconscient exige de la part de l'individu un effort de conscience et un point de vue conscient ferme, capable de s'opposer à l'inconscient et de parlementer avec lui », nous conseille-t-il dans son ouvrage *Dialogue entre le moi et l'inconscient*.

Une pratique qui aboutit, selon lui, à la création du Soi, « recentrage de la personnalité globale, située entre le moi conscient et l'inconscient. Un soubassement plus sûr. » Une belle perspective.

Fortement inspirés par Jung, deux psychanalystes américains, Hal et Sidra Stone, également inspirés par le psychodrame et la *Gestalt*, ont mis en évidence la présence dans notre mental de sous-personnalités contraires et contradictoires, qui s'expriment comme des « voix ».

On peut faire converser ces voix avec son moi conscient. Rassurez-vous, cela n'a rien à voir avec une pathologie schizophrénique du dédoublement de la personnalité.

Il s'agit d'écouter son inconscient en conversant avec lui naturellement, en posant des questions et en restant disponible aux réponses qui nous viennent spontanément. Selon les personnes, les perceptions des réponses sont de l'ordre des propos, des images, des émotions ou des prises de conscience purement cognitives, du type « bon Dieu, mais c'est bien sûr ! ».

Que vous soyez sensible aux images, aux voix, aux émotions ou à l'idée qui vous vient spontanément, peu importe. Il suffit de rester ouvert, c'est à dire de quitter la réflexion rationnelle.

Ce dialogue peut être facilité par la personnalisation. Le Daïmon pour Socrate, Philémon pour Jung, Dieu (en toute modestie) pour Neale Walsh ou une appétissante séductrice en porte-jarretelles comme le propose le « Barefoot Doctor », qu'il appelle avec humour « la dame de la cantine ».

Dialoguez avec votre inconscient :

- En position de méditation ou pas, acceptez un moment l'idée qu'il existe une part de votre conscience dégagée de toutes les limites matérielles. Comme un homologue dans un arrière-monde, qui sait tout, voit tout, comprend tout et peut tout ;
- Imagez-le comme vous le souhaitez ;
- Conversez avec lui, avec affection et complicité, en lui posant des questions puis en écoutant les réponses qui vous viendront spontanément à l'esprit, sans que vous ayez à réfléchir, sous forme d'image, de voix intérieure, d'émotions ou d'évidence.

53

Tant que nous sommes parmi les hommes, respectons l'humanité, ne soyons pour personne un objet de crainte ou de péril.

Les stoïciens considéraient la vertu comme le souverain bien. Celui qui respecte ses valeurs et ses principes n'a rien à se reprocher et rien à cacher, ce qui diminue beaucoup la vulnérabilité au stress. Parmi les vertus, le respect de l'autre est essentiel à une vie collective harmonieuse, dans laquelle l'individu pourra trouver l'ataraxie, c'est-à-dire l'absence de trouble mental.

Imaginez le contraire ou regardez simplement ce qui se passe, hélas. Les conflits qui se traitent par la force font triompher dans l'instant, mais laissent derrière eux un esprit de vengeance accumulé sur le sang ou le malheur des victimes. Machiavel disait que pour être tranquille il valait mieux éliminer jusqu'au dernier tous ses ennemis. Sun Tsu quant à lui proposait d'en laisser partir quelques-uns après les avoir fait assister au massacre des autres pour qu'ils assurent une publicité effrayante sur le dominant. Mais est-ce suffisant pour dormir tranquille ? Œil pour œil… et le monde sera aveugle, disait Gandhi. Il encourageait plutôt à garder le respect de l'autre et la non-violence malgré sa qualité d'ennemi. C'est la seule façon, quels que soient ses défauts, de prétendre que la violence cesse.

Un exemple plus mondain : on peut défendre ses intérêts ou ses idées mais pas par l'anéantissement de ses congénères. Ce n'est pas parce que l'on défend une idée que l'on doit rabaisser la valeur de celles des autres. La vie est trop complexe pour qu'un débat d'idées se résume à avoir raison ou avoir tort. Prétendre avoir raison est d'ailleurs d'une prétention insoutenable : l'écart de points de vue provient essentiellement du fait que le sujet est considéré sous des angles différents ou avec des idées sous-jacentes différentes.

La bonne manière de gérer une négociation constructive est d'accepter de comprendre les raisons qui sous-tendent les positions de l'opposant, et d'exposer clairement les siennes. C'est ce qui permet de trouver des accords dans lesquels chacun a le sentiment de gagner.

Ne perdez pas votre énergie à donner ou à rendre des coups, vous vous épuiserez dans les conflits.

Cherchez de bons accords même si vous avez le sentiment d'y perdre dans l'instant, vous gagnerez beaucoup à terme et avec moins de stress.

Faites pour les autres ce que vous aimeriez qu'ils fassent pour vous.

54

Ce qui compte, c'est de vivre bien, pas de vivre longtemps.

D'accord, Sénèque, mais la question se repose : c'est quoi, bien vivre ? Tu vas nous répondre que pour un philosophe grec, quel qu'il soit, c'est ne pas vivre sous le joug, mais penser, décider et agir librement. Y compris de choisir de vivre ou non, s'il est stoïcien.

Vivre libre. Certains vous diront : « Je n'ai pas le choix. » La grave erreur. C'est ne pas vouloir regarder et se mentir à soi-même. Mais c'est souvent plus confortable de ne pas s'avouer que l'on a peur de certaines alternatives, que l'on préfère ne pas prendre de risque ou ne pas perdre de confort…

Gageons que vivre heureux, outre ne pas manquer de l'essentiel, c'est être sur le chemin que l'on a choisi, ne pas subir, faire en conscience à chaque instant ce que l'on estime bien de faire, en ne se laissant pas perturber par les événements ni par ses congénères.

Nous avons des rêves mais nous y renonçons parce que nous avons peur de notre avenir. Nous les sacrifions pour choisir des chemins de sécurité dans lesquels on se promènera moins bien mais avec l'espoir que la promenade dure plus longtemps. Quelle méprise, nous dit Sénèque.

On peut se féliciter des progrès de la science pour notre santé. *A contrario*, l'envahissant principe de sécurité nous prive de rêves et d'aventure pour éviter tout accident. Faut-il vivre moins bien pour que ça dure davantage ? À chacun de trouver sa réponse, mais Sénèque n'avait pas de doute là-dessus.

Ne reniez pas vos rêves. Ils vous montrent le chemin de la vie heureuse. Y renoncer par peur est renoncer à bien vivre.

Décidez chaque jour de ce qui est nécessaire pour que ce soit une bonne journée et faites-le sans vous laisser fléchir par l'environnement.

55

Est-ce qu'on pleure un événement dont on sait qu'il se produirait ?

J'ai entendu dans la bouche d'un financier : « L'homme de prévision a le droit de se tromper. Mais il n'a pas le droit d'être surpris. » « Gouverner, c'est prévoir », disait de son côté Émile de Girardin, qui lui était journaliste et grand innovateur de la presse écrite. Autant d'encouragements à regarder en face ce qui peut nous arriver, même si ce n'est pas réjouissant.

On ne marche pas plus en sécurité dans un champ de mines parce qu'on a les yeux fermés. On a tout à gagner à bien regarder. La réalité est moins effrayante que le noir.

Si quelque chose vous fait peur, efforcez-vous plutôt de vivre à l'avance la manière dont vous y feriez face plutôt que de chercher à ne pas y penser.

56

Les difficultés ne sont pas les causes de notre manque d'audace. C'est notre manque d'audace qui est la cause de nos difficultés.

Notre principal adversaire est en nous. Il prend la forme d'un phénomène de dramatisation. Je m'explique : lorsque nous devons passer à l'acte, notre mental imagine toutes sortes d'obstacles possibles en prenant appui sur nos peurs. Une forme de spectacle intérieur dans lequel nous usons notre énergie.

Si nous pouvons le rêver, nous pouvons le faire, disait Walt Disney. C'est une intéressante hypothèse que de considérer que nous disposons de l'énergie psychique nécessaire pour réaliser nos rêves. Encore faut-il ne pas la gaspiller dans la dramatisation, qui en consomme sans fin puisque, pendant ce temps-là, la réalité ne bouge pas. Ce qui au demeurant contribue à baisser le moral.

La solution est simple : passer à l'acte immédiatement après la décision pour court-circuiter le phénomène de la dramatisation.

Dès que vous avez pris une décision, passez à l'acte immédiatement avant d'avoir des états d'âme ou définissez le moment où vous le ferez sans vous autoriser à le différer.

57

J'ai une longue expérience de la mort. Quand ? Avant de naître.

La question « Que se passe-t-il après la mort ? » en a tracassé plus d'un. Il faut bien dire que la perspective de disparaître ne nous enchante guère. Mais si l'on applique les bons principes vus précédemment, il vaut mieux regarder tranquillement les choses en face et se familiariser avec cette perspective plutôt que de la fuir en cherchant à ne pas y penser.

Épicure a proposé son tetrapharmakon, un « quadruple remède » pour connaître la paix de l'âme. Parmi ces remèdes figure l'idée que la mort n'est pas à craindre. Il n'y a pas à se tracasser, explique-t-il, pour un instant infiniment court, avant lequel on est toujours vivant et après lequel on n'est plus là pour y penser.

C'est donc la perspective de la finitude de notre condition qui peut nous déranger, donc une pure dramatisation, une projection de peurs sur l'au-delà et une projection de la courbe de deuil à titre posthume. Sénèque nous explique qu'il n'y a pas à se faire de mouron avec ça, puisque, après tout, on va retrouver un état qu'on connaît bien et dont on n'a aucun mauvais souvenir.

Entraînez-vous à vous endormir comme si vous ne deviez jamais vous réveiller. Vous diminuerez considérablement le stress de la finitude humaine.

58

La vie, c'est une pièce de théâtre ; ce qui compte, ce n'est pas qu'elle dure longtemps mais qu'elle soit bien jouée.

La peur de rater une prestation, risquer de ne pas atteindre ses objectifs, ne pas être apprécié à sa juste valeur… que de sources de stress qui peuvent à tout moment venir troubler notre joie naturelle.

Mais la pire source de reproche ou de désapprobation que l'on puisse avoir, c'est bien soi-même. On est donc beaucoup moins vulnérable si l'on a la conscience tranquille sur ce qu'on a fait.

Le sentiment d'enfermement est stressant, même pour ceux qui ne sont pas claustrophobes. La vie peut créer ce sentiment pour ceux qui voudraient en sortir librement.

C'est le propre du jeu que l'on puisse en sortir quand on veut. Pour la vie, c'est plus difficile. « Arrête-toi où tu voudras pourvu que tu te ménages une bonne sortie », dit Sénèque. Ça n'oblige pour autant pas à quitter la scène, mais ça permet de se sentir beaucoup plus responsable de sa vie.

Accomplissez toutes vos actions suffisamment bien pour ne rien avoir à vous reprocher.

Envisagez la vie comme un choix et non comme emplie de fatalité.

59

Ce qui importe avant tout, c'est l'opinion que tu as de toi-même, et non l'opinion que les autres ont sur toi.

« Tu connaîtras vraiment l'équilibre le jour où aucune clameur ne t'atteindra, aucune voix ne t'arrachera à toi-même, ni par des flatteries ni par des menaces, ni par un assaut bruyant de bavardages futiles », ajoute Sénèque. Autrement dit, apprenons à ne pas avoir besoin de l'approbation des autres. Soyons heureux de ce que nous sommes, quoi que d'autres se permettent d'en dire.

Pourquoi est-ce que le fait d'avoir une mauvaise image de soi peut créer du stress ? Parce qu'inévitablement on va dépenser une énergie farouche pour se montrer meilleur que ce que l'on est. Tout en craignant que la supercherie apparaisse au grand jour.

La pensée nous taraude que tout le monde finira par voir le masque. Les efforts pour se cacher derrière ne font qu'augmenter avec le temps.

Bien que la perfection ne soit pas accessible, je vous propose un entraînement amusant qui devrait vous faire progresser sérieusement : dans une conversation de café du commerce, efforcez-vous de donner votre avis sans avoir besoin que l'on vous donne raison ni chercher à donner tort à un autre. Considérez simplement que d'autres peuvent avoir un point de vue différent et que ça ne vous empêche nullement de garder le vôtre et de dormir tranquille.

Entraînez-vous à accepter une critique ou un avis différent sans avoir besoin de répondre ou de vous défendre.

60

On ne doit jamais sa sagesse au hasard.

La Française des jeux ne propose rien qui permette de se doter rapidement d'un gros capital sagesse. Et pour cause : Sénèque nous dit effectivement que « l'argent peut venir de lui-même ». Les honneurs aussi : « On t'offrira peut-être des charges, des faveurs, du prestige », mais « la vertu, elle, ne tombera pas d'elle-même ».

Parce que, attention : il ne s'agit pas d'étudier ou de penser pour être sage. La sagesse n'est pas la culture. On qualifie souvent de philosophe un penseur émérite et cultivé, mais qui retrouve sa vie de petit-bourgeois ordinaire en quittant sa chaire ou sa plume. Si l'on remonte dans le temps, un philosophe exposait une manière de vivre plus qu'une manière de penser. Si Diogène ou Aristippe nous sont connus, ce n'est pas par leurs textes, c'est par les anecdotes décrivant leur vie. La sagesse est une affaire d'attitudes, de comportements et peut-être de ressentis.

On fait très attention à ce que l'on dit à nos enfants, croyant faire œuvre utile d'éducation. Au passage on leur glisse tout ce dont on rêve, mais dont on est incapables. Mais ça ne marche pas comme ça : nos enfant ne seront pas ce qu'on leur dit mais ce que l'on est.

Ne démontrez pas votre sagesse par vos propos mais par votre vie.

Ne faites pas la leçon, contentez-vous d'avoir une vie exemplaire.

61

Il n'y a qu'un seul bien à la base d'une vie heureuse : la confiance en soi-même.

Être préoccupé par soi, douter de soi, avoir peur pour son image, autant de manifestations narcissiques terriblement perturbantes et créatrices de stress.

À l'inverse, confiance en soi, connaissance de soi, acceptation de soi, amour de soi... autant de concepts dont le but est, en fin de compte, de ne pas avoir de problème avec soi-même pour pouvoir concentrer toute son attention, son énergie vers l'extérieur de soi et interagir librement avec le monde pour y réaliser ses buts. Et même lorsque l'on ne fait rien, le seul fait de se sentir bien avec soi laisse son monde intérieur sans perturbation mentale.

C'est donc bien un prérequis pour une vie épanouie. Mais comment faire lorsque ce n'est pas le cas ?

C'est une quête aussi difficile à satisfaire pour chacun de nous que pour Sisyphe de monter son caillou. C'est le point central de la psychothérapie. Nombreuses sont les méthodes. Aucune ne dispense de courage ni de persévérance.

Persuadé que vous n'en manquez pas, je vous rappelle, au cas où, quelques bons tuyaux qui ont fait leur preuve :

– Faire une liste de tous les succès de votre vie, des moments où vous avez été gratifié, de vos moments de succès. Relisez-là et complétez-la souvent ;

– Ayez une vision claire de ce que vous aimeriez réussir quand vous démarrez un projet, et gardez-le présent à l'esprit jusqu'au bout ;

– Parlez vrai, dites ce que vous souhaitez et ce que vous ressentez.

Quand vous pensez au passé : mettez votre attention sur vos succès plutôt que sur vos échecs.

Quand vous pensez à l'avenir : visualisez la réussite plutôt que de dramatiser l'échec.

62

Ce qu'il blâme chez autrui, chacun le retrouve en son propre cœur.

Nous disposons d'une machine extraordinaire dans nos processus inconscients, que le psychanalyste Carl G. Jung appelait la « projection de l'ombre ». Il s'agit d'un mécanisme qui nous permet de refouler dans notre inconscient ce que nous souhaitons ne pas voir dans notre conscience. Mais on ne s'en débarrasse pas pour autant, ce serait trop beau. Dès qu'on l'observe en face de nous, ça nous agace prodigieusement. Nous avons le talent d'en faire le reproche aux autres et de les critiquer sévèrement sur ce que nous ne voulons pas voir chez nous, ou que l'on s'interdit d'exprimer.

Faites l'exercice suivant :

– Écrivez sur une feuille de papier tout ce qui vous vient à l'esprit pour répondre à la question : « Qu'est-ce que je n'aime pas chez les gens ? »

– Relisez la liste en commençant par « Ce que je n'aime pas chez moi, c'est ... ».

Derrière tout ce qui vous dérange chez les autres se cache quelque chose qui vous dérange en vous-même.

63

Pas de tape à l'œil : on ne roule pas le client avec une vitrine pleine et une boutique vide.

Sénèque prend le soin de nous rappeler, dans un autre ouvrage, que le message est double : « Habituons-nous à ne rien sacrifier au paraître et à évaluer les choses non d'après leur décoration mais d'après leur utilité. » Il ajoute : « Quel plaisir d'être tout simplement soi-même, sans user d'ornement, sans voiler sa nature. »

Nous savons bien que tout ce qui est fait ou dit au détriment de la vérité risque tôt ou tard d'être mis à jour. Plus on en remplit nos caisses, plus le stress d'être découvert augmente. On gagne à court terme, mais on perd à long terme. Une vie sereine est donc construite sur la vérité.

C'est facile à comprendre, mais pourquoi est-ce aussi difficile à pratiquer ? Dans notre balance économique psychique, on peut comprendre qu'une sanction immédiate et certaine peut prendre une place déterminante sur un bienfait futur et, qui plus est, hypothétique. Mais n'est-ce pas aussi un réflexe qui s'est installé très tôt : un vieux relent des peurs de l'enfance où dire la vérité n'était pas forcément sans risque, où le pas vu pas pris était plus payant que de se dénoncer.

Faites ce qu'il faut pour que vos enfant, vos collaborateurs et les autres ne soient jamais perdants à vous dire la vérité.

64

Être en accord avec soi-même.

Si l'on s'en tient au strict plan de la raison, être en désaccord avec soi-même n'est pas possible. Il est bien connu des négociateurs que, si l'on met quelqu'un en face de ses propres contradictions, il va immédiatement ajuster ses positions pour se mettre en « consonance cognitive », autrement dit mettre de l'ordre dans ses idées pour les rendre cohérentes entre elles.

Mais il arrive qu'on se laisse influencer par quelqu'un ou simplement que l'on cède à la pression de la norme sociale : être, penser, faire ou posséder comme les autres.

C'est là qu'il y a chaudement intérêt à prendre conscience que dans notre mental se livrent des joutes d'intentions inconscientes, entre nos peurs, nos pulsions, nos croyances et nos désirs. Et c'est parfois sans même s'en rendre compte, et croyant bien faire, que l'on arbitre contre son bon gré.

Dur aussi est l'univers impitoyable de nos croyances, au sens large du terme, c'est-à-dire toutes les idées reçues qui sont devenues des vérités qui s'imposent à nous, dans nos jugements et nos décisions. Ces croyances sont de multiples sources de conflits internes, comme les valeurs morales adoptées sans choix personnel, les dogmes de tous poils.

Je ne vais pas partir en guerre contre tous ces éléments importants de notre construction psychique, mais vous recommander de vous méfier de ceux qui influent sur vos décisions au point de vous faire trancher dans une direction qui ne vous plaît pas vraiment. Autant que possible, quand vous pensez « je dois », essayez de le remplacer par un « je veux ».

Si vous ne vous sentez pas heureux d'une décision, si elle a un petit goût de contrecœur ou d'obligation, ce n'est pas la bonne en regard de votre pleine conscience. Prenez le temps de distinguer ce qui vous fait vraiment envie et ce qui vous contraint.

65

C'est toi que tu traînes partout. Tu souffres exactement de ce qui t'a fait fuir.

Avez-vous remarqué à quel point certaines personnes ont le chic pour se refourrer méthodiquement dans les mêmes situations défavorables ? On pourrait en rire si elles ne souffraient pas de ce syndrome de répétition, selon l'expression freudienne.

Nous avons évoqué plus haut notre tendance à projeter chez nos congénères ce que nous nous reprochons. Eh bien, cela vaut aussi pour les situations : nous projetons nos peurs dans les situations que nous rencontrons. Ce ne sont pas les situations que nous fuyons, mais la peur que nous y projetons.

Tant que nous n'aurons pas accepté l'idée que nous en sommes la source, nous les retrouverons partout. Nous restons donc curieusement sous la coupe de ce que nous fuyons.

Une seule issue : accepter d'être pleinement responsable de ce qui nous arrive et trouver par quelles décisions et quels comportements on crée la situation que l'on craint. Il faut vaincre nos peurs. Les fuir ne nous en débarrassera jamais.

Ne croyez pas dans la malchance. Demandez-vous plutôt ce que vous faites pour qu'une même situation défavorable se reproduise, ou tout au moins ce que vous pourriez faire pour qu'elle ne se reproduise pas.

66

Simple est le langage de la vérité.

Révéler une situation cachée crée un soulagement universel. Tous les homosexuels qui ont fait un « coming out » tardif vous le diront. Et puis la vérité a un second avantage : on ne risque pas de se prendre les pieds dans le tapis en se mentant.

Rien de plus simple, mais exigeant. La vérité nous expose dans l'instant à deux choses qu'en principe nous n'aimons guère : être déprécié d'une part et déclencher des émotions que l'on craint d'autre part. Il faut donc du courage. Mais pour vous en donner, rappelez-vous que la récompense est au bout sous forme d'une denrée indispensable pour se sentir bien parmi les hommes : la confiance.

Si vous pensez comme Kant que toute vérité est bonne à dire, il n'y a pas à débattre. Mais avec une approche spinoziste selon laquelle il vaut mieux se garder de dire une vérité si cela peut avoir des conséquences malheureuses, on a vite fait de se trouver une bonne raison d'arranger le coup et de se justifier de cacher quelque chose. Mais attention au subterfuge : il ne vous laissera pas la conscience tranquille.

Dans le doute, choisissez toujours la vérité.

67

Qu'on ait pour toi du respect plutôt que de la crainte. Être respecté, c'est aussi être aimé. Et l'amour et la crainte ne font pas bon ménage.

Voilà bien une question qui fait débat : faut-il, et à partir de quand, utiliser la force ? Pour les adeptes de la non-violence, dont Gandhi est un porte-drapeau, la réponse est jamais, quoi qu'il en coûte, puisque la force appelle la force et que c'est un cercle vicieux duquel on ne peut sortir. Qui vaincra par l'épée périra par l'épée. Hermann Hesse le résume à sa manière : « La mise au pas des individus, même avec la meilleure volonté du monde, va à l'encontre de la nature et ne conduit pas à la paix et à la sérénité, mais au fanatisme et à la guerre. »

C'est bien joli, diront les autres, mais à quoi sert d'avoir raison à titre posthume ? Le monde est impitoyable, et il est de la nature de la vie de se défendre soi, les siens et son espèce. La force est nécessaire pour survivre depuis l'origine des temps, et ceux qui ne l'ont pas compris ne sont plus là pour en parler. Le choix reste ouvert, mais Sénèque nous invite à en mesurer les conséquences.

En matière de management, deux modes sont efficaces. Sur le mode « amour », on trouve le management par adhésion, qui s'efforce en cas d'opposition de comprendre les raisons qui en sont la cause et de chercher une solution partagée avec les personnes par une négociation « gagnant/gagnant ». C'est un mode de management très efficace sur le long terme, mais qui prend du temps, donc peu adapté à la surchauffe, à la crise.

Sur le mode « force », on parle de management par la soumission, qui utilise l'autorité au mépris du consensus.

Il a l'avantage de gagner du temps. Donc efficace à court terme ou en situation de crise, mais ne monopolise pas le meilleur de l'énergie des hommes.

Ce qui est sûr, c'est que la force, la soumission sont générateurs de stress. Mais le manager ne le voit pas toujours, car le sourire complaisant de la soumission a le visage agréable. Les gens qui ont peur de vous cherchent à se protéger en cherchant à vous amadouer. Mais ne vous y trompez pas : le ressentiment caché finira par s'exprimer, évidemment par-derrière, par rumeur, médisance ou coups bas.

Si l'urgence ne vous oblige pas utiliser l'autorité, vous gagnerez beaucoup à rechercher une adhésion sincère.

68

Le sage échappe à la nécessité parce qu'il veut ce que la nécessité lui imposera.

L'énergie psychique naît d'un écart entre ce que l'on a et ce que l'on désire. Dans une juste mesure, c'est ce que certains appellent le « bon stress ». D'où l'importance, selon Platon, de se donner des buts pour vivre.

Mais si cet écart représente une menace, la peur s'en mêle. On parle alors de mauvais stress.

Un commercial qui doit atteindre des objectifs est dans une saine motivation tant qu'il ne craint pas de perdre son emploi ou une prime vitale pour sa famille. Plus cette pression augmente, plus son stress sera nuisible à sa bonne santé mentale et physique.

Sénèque, qui a plus d'un tour dans son sac, propose ce que Nietzsche reprendra plus tard dans son concept d' « amor fati » : au lieu de s'user abusivement à réduire l'écart entre le désir et la réalité, réduisons-le dans notre esprit.

La capacité à désirer ce qui nous arrive réduit cet écart à néant. Donc supprime le stress. Il crée cette sérénité que l'on lit sur le visage des mystiques qui acceptent tout comme une volonté d'ordre divin.

Vous allez me dire que si l'on va au bout de cette pratique, on ne désire plus rien et notre vitalité peut s'effondrer.

Il est heureusement possible de conjuguer efficacement les deux, en poursuivant des buts, pour mobiliser notre énergie vitale, mais en considérant tout ce qui arrive comme opportunité, comme un signe utile, comme une occasion de jeu, comme une occasion de s'améliorer. En mettant toute son attention sur l'avenir et non sur le passé.

La vie commence maintenant : la seule chose qui doit vous occuper l'esprit, c'est ce que vous allez faire en partant de la situation présente.

69

Vivre, c'est être utile aux autres.
Vivre, c'est être utile à soi.

Tout l'art consisterait à harmoniser les deux : est-il possible de réaliser ses rêves en étant utile aux autres ?

Les éthologues considèrent comme une aptitude proprement humaine de se créer mentalement une représentation intérieure du monde. D'où la conscience de notre finitude qui n'a rien de réjouissant. Mais elle nous permet de nous faire une idée d'un univers qui nous paraîtrait idéal.

Que ce soit par un besoin de reconnaissance, explicite ou non, de nos concitoyens, par simple sentiment d'appartenance ou par souci de conservation de l'espèce, le fait est que nombreux sont ceux qui ont à cœur de contribuer à ce que le monde ressemble à la vision idéale qu'ils en ont.

Pour être à la fois utile à soi et aux autres, on peut donc commencer par écrire comment nous voyons le monde dans lequel nous aimerions idéalement vivre, puis avoir une idée de ce que nous aimons faire ou donner avec plaisir et sans réserve pour que la réalité s'en rapproche.

En reliant les deux, nous pouvons définir nombre de projets dans lesquels nous serons animés d'un enthousiasme durable. Et l'enthousiasme chasse le stress.

Sachez ce que vous aimez faire ou donner en abondance. Cela vous permettra de vous lancer dans des projets avec un enthousiasme qui chassera votre stress.

70

Davantage d'amis ne nous rend pas plus sages, moins d'amis ne nous rend pas plus sots.

Si l'on en juge aux performances des réseaux sociaux sur « la Toile », la mise en place d'un important réseau fait partie des moyens contemporains efficaces de réussite. Mais si plusieurs d'entre eux ont choisi le mot « ami » pour désigner une relation, ne nous y trompons pas : il serait dommage de faire l'amalgame.

Des relations avec un bon ami, on ne se lasse pas. Plus on le voit et mieux on se porte. On connaît bien ses défauts, et on l'aime quand même. Et réciproquement.

Soyez attentif à vos sensations en quittant la compagnie de quelqu'un. Si vous vous sentez mieux qu'avant après avoir passé un moment avec lui, ce peut être un ami précieux. Il n'y a pas d'autre raison à chercher. Michel de Montaigne, interrogé sur les raisons de sa très grande amitié avec Étienne de La Boétie avait simplement répondu : « Parce que c'était lui, parce que c'était moi. »

Les bonnes relations humaines sont celles qui apaisent le stress, les mauvaises l'augmentent. Il n'en faut pas beaucoup de bonnes pour se sentir bien. Une seule pourrait même faire l'affaire.

Fréquentez des gens tels que vous vous sentez toujours mieux après avoir passé un moment avec eux. Peu importe le nombre. Mais évitez soigneusement ceux pour lesquels c'est le contraire.

71

L'essence du bonheur réside dans une sérénité sans faille et la confiance inébranlable d'y parvenir.

Sénèque, bien qu'il soit stoïcien, fait souvent référence à Épicure qui définissait la sérénité mentale comme l'absence de trouble. Il lui donnait donc le nom d'ataraxie, dans laquelle le stress n'a évidemment pas sa place. Parmi les moyens d'y parvenir figure la capacité à penser que « le bonheur est possible ».

On comprend facilement que l'imaginer impossible ne peut que créer le désespoir. Ce serait une condamnation au stress à perpétuité, assortie d'une incompressibilité totale de la peine. Invivable.

Ce qui est important, dans cette logique épicurienne, ce n'est pas de l'avoir atteint mais de progresser sur le chemin pour y parvenir. Le bonheur est dans l'escalier… Le bonheur, c'est peut-être même simplement de le savoir possible, tel un évadé dans le souterrain les yeux rivés sur la lumière de la sortie.

Vous remarquerez qu'on rencontre effectivement des gens qui ont l'air heureux dans toutes les situations, même les plus éprouvantes. C'est que le bonheur n'est pas affaire de possession, de santé ou d'action : c'est une émotion.

La sérénité sans faille, c'est savoir établir cette émotion sans qu'elle dépende d'éléments matériels. Elle est dans ce cas beaucoup moins menacée.

Définissez les éléments non matériels nécessaires et suffisants pour que vous vous sentiez heureux et organisez votre vie pour qu'ils soient présents en permanence.

72

Que chacun aspire à devenir son propre maître.

Est dit « maître », dans la Rome antique, celui qui a des esclaves. Soit dit en passant, Sénèque avait un grand respect pour les esclaves. Quant à Épictète, qui avait créé l'école stoïcienne de Nicopolis, n'était-il pas lui-même un affranchi ? Dans ce sens-là du mot, nous sommes clairement invités à ne pas servir d'autre maître que nous-mêmes. Une bonne transition pour la citation suivante.

La notion de maître a un sens différent dans la sagesse orientale : c'est celui qui enseigne, qui conseille et accompagne sur le chemin de la sagesse et du développement personnel. Est-ce nécessaire ? Bien sûr pour apprendre. Mais au-delà ?

Premier constat : il faut admettre que nous voyons le monde par nos sens et qu'à partir de là nous créons notre réalité. Et nous ne voyons le monde qu'à travers les lunettes déformantes de nos perceptions et de nos préjugés. Sans compter que nous sommes dotés d'une cécité mentale, outil bien pratique qui nous permet de ne pas voir ce que nous préférons ne pas voir. Le mécanisme du refoulement dans l'inconscient.

Second constat : on ne peut pas voir ce dans quoi l'on est. Un poisson ne voit pas l'eau. Nous ne pouvons donc pas nous voir nous-mêmes.

Pour toutes ces raisons, il nous faut un guide. Mais si le guide a une influence sur notre processus de choix, il faut se méfier. Cela pourrait vite devenir une addiction. C'est beaucoup plus confortable de s'appuyer sur les conseils d'un maître que d'assumer la pleine responsabilité de ses choix.

Si l'absence de certaines personnes nous crée un certain stress, travaillons à en diminuer le besoin. Pour être vraiment soi-même, il faut s'affranchir du besoin de se référer à un modèle.

Utilisez les autres pour vous aider à penser, mais pensez par vous-même. N'ayez donc pas besoin de l'approbation de qui que ce soit sur vos idées ou vos décisions.

73

La servitude la plus indigne, c'est la servitude volontaire.

Même si nous en avons un souvenir plutôt flou, on peut gager que les premiers mois de notre vie ont été marqués par un sentiment de dépendance. Notre probabilité de survivre sans assistance était quasi nulle. Serait-ce un relent de cette nécessité vitale d'une bonne relation à la mère qui nous fait entretenir auprès de certaines personnalités fortes une dépendance, matérielle ou affective, dont nous ne saurions nous affranchir sans ressentir un certain stress ? Alors même que nous ressentons une frustration à la subir.

Qu'est-ce qui nous empêche, après tout, d'avoir cette liberté à laquelle l'être aspire ? Rien, si l'on en croit Étienne de La Boétie, dont l'affirmation mériterait une large publicité : « Soyez résolu de ne servir plus, et vous voilà libre. » Sénèque ne l'avait d'ailleurs pas attendu pour déclarer qu' « Il nous suffit de vouloir dégager notre nuque du joug ». Mais à quel prix, dirait Ésope, par la bouche de son loup maigre et affamé voyant le chien grassouillet mais attaché, « autant la faim qu'un collier pesant ».

Tout manque de liberté nous pèse, mais nos chaînes sont souvent désirées. Nous ne nous en plaignons que pour masquer notre couardise à les rompre.

Qui nous empêche d'avoir la pensée libre ? Nous-mêmes, en nous interdisant de penser contre nos dogmes ou croyances. Qui nous fait croire que l'on n'a pas le choix ? Nous-mêmes, en éliminant les options dont nous ne voulons pas considérer les issues. Restent les « contraintes par corps », mais avouez que dans une société à peu près civilisée, elles se font rares.

Nous accusons la terre entière, mais nous sommes responsables pour la plus grande part de notre manque de liberté. Seules nos peurs nous réduisent à un apparent esclavage. Nous sommes libres à l'instant où nous assumons les conséquences de la liberté.

Vous ressentirez moins de stress si vous adoptez le point de vue que votre situation est choisie parmi plusieurs alternatives. Assumez-en la décision, plutôt que d'accuser les contraintes de votre environnement. Ne pensez jamais : « Je n'ai pas le choix. »

74

Nous sommes poursuivis par ce vice qui consiste à nous conformer au plus grand nombre et à considérer non pas ce qu'il est bon de faire mais ce qui se fait.

Salomon Ash, un des pères fondateurs de la psychologie sociale cognitive, a eu comme élève Stanley Milgram dont nous avons parlé plus haut, l'homme des expériences célèbres sur la soumission à l'autorité. Ash était un gestaltiste (la « Gestalt » est une théorie selon laquelle nos cherchons inconsciemment à rendre cohérentes nos perceptions par des formes mentalement préenregistrées), et il semble avoir été le premier, en 1946, à mesurer le « conformisme ». Une tendance dont parlait déjà Sénèque et que l'on pourrait définir comme une compulsion à adopter les opinions, décisions ou modèles qui sont majoritairement exprimés dans tout groupe dont on fait plus ou moins partie. Je ne vais pas entrer dans le détail, mais l'expérience d'Ash fait ressortir que plus du tiers des sujets sont sérieusement perturbés dans leurs perceptions quand elles ne s'accordent pas avec l'opinion de la majorité, au point de changer d'avis. Même lorsqu'il s'agit d'une observation fausse de toute évidence.

N'avez-vous jamais signé une pétition ou participé à une manifestation pour le seul motif de faire comme les autres ? Notre bonne nature nous pousse souvent à suivre la décision de la majorité qui nous entoure. Pas forcément par faiblesse, mais par compulsion à peine consciente. Nos « neurones miroirs », découverts très récemment, n'y sont peut-être pas étrangers. Ces neurones réagissent de la même manière lorsque nous faisons une action spécifique ou lorsque nous l'observons chez un autre individu. On les rend responsables de notre processus d'éducation par imitation.

Ne rougissons pas de notre tendance à imiter, puisqu'elle semble biologiquement programmée, mais que la sagesse nous pousse à en être conscients. Alors, un bon conseil pour éviter le stress lié à des prise de positions difficiles à défendre par la suite parce qu'on a cédé à la pression normative : ne prenez pas de décision à chaud.

Si vous êtes parfois troublé d'avoir pris des décisions ou accepté des positions sous l'influence de votre environnement, protégez-vous par une discipline personnelle : ne décidez rien sans vous contraindre à un délai de réflexion.

75

Ce que j'approuve, je n'en suis pas l'esclave.

Je prends un peu de liberté avec le propos de Sénèque, mais je ne peux pas résister au plaisir d'évoquer la compulsion de certains individus à vouloir toujours avoir raison, comme si l'idée d'avoir tort était vécue comme une menace existentielle.

C'est être victime d'un besoin de vrai ou faux, de raison ou tort, abusivement manichéen. Être persuadé d'avoir raison dans un débat d'idées est d'une prétention qui peut friser la pathologie. C'est ne pas accepter que plusieurs idées puissent coexister.

Rien n'empêche pourtant de comprendre et d'apprécier ce que dit quelqu'un parce que c'est pertinent et bien structuré sans partager pour autant son point de vue. Nous avons droit à notre vérité, mais elle ne s'impose pas aux autres.

Lorsqu'il s'agit de faits vérifiables, point n'est besoin de discuter : vérifier suffit. Quand il s'agit de faits non vérifiables, « parole contre parole », la discussion n'éclaire pas grand-chose. Chacun se cantonne à sa mémoire, à sa conviction ou à son mensonge, et seule la conviction fait des émules.

Quand il est question d'idées, chacun a un avis sous-tendu par la logique et les croyances de son univers intérieur, et raison ou tort n'ont guère de sens. La rhétorique est un art qui consiste à faire prévaloir le sien, mais l'habileté ne crée pas pour autant la vérité.

Le philosophe recherche la Vérité. Mais rien ne démontre qu'elle existe d'une manière universelle. Est vrai pour chacun d'entre nous ce dont nous sommes sûrs. Qui peut démontrer le contraire ?

Pour que la communication soit sans stress, efficace et agréable, on peut donc reconnaître à chacun son avis, en apprécier la construction, en approuver une partie, sans pour autant se croire obligé d'y souscrire.

Exposez vos thèses tranquillement mais, plutôt que de chercher à avoir raison, cherchez plutôt à comprendre et à vous enrichir du point de vue des autres.

76

Pour vivre tranquille, il ne faut pas tenter de dépasser les limites de notre nature.

Mais quelles sont-elles, ces limites ? À mal comprendre cette maxime, celui qui manque de confiance en lui n'a plus qu'à aller planter des petits pois dans son jardin.

La surestimation de soi est une vertu utile tant qu'elle n'est pas pathologique, entendons tant qu'elle ne fait pas trop souffrir notre entourage.

Mais force est d'observer que c'est une affection prisée des gens de pouvoir. Heureux ceux dont c'est la nature évoquée par Sénèque : ils n'ont pas de doute sur leur capacité à atteindre leurs objectifs.

Croire que c'est impossible assure l'échec. Contrairement à ce que pourrait laisser croire Guillaume d'Orange qui écrivait : « Point n'est besoin d'espérer pour entreprendre », il est nécessaire d'espérer avec des chances sérieuses de succès pour oser, en tout cas pour la détermination de ceux qui s'engagent avec vous. C'est bien le moins que l'on attende d'un leader pour le suivre avec l'énergie nécessaire.

Et comment empêcher le stress nuisible d'une peur éventuelle de l'échec qui pourrait soudainement vous ébranler le moral ? En éliminant l'ombre de l'inconnu qui a toujours un petit goût anxiogène.

Déterminez, en bon stratège, des solutions de repli et acceptez leurs conséquences éventuelles. Soyez tranquille : ne pas avoir peur de perdre n'émousse pas l'envie de gagner.

Croyez possible ce que vous entreprenez, pour le faire avec passion. Si l'idée de l'échec vous stresse, déterminez ce que vous feriez si vous ne réussissiez pas.

77

Les cris de la foule me frappent les oreilles, mais sans interrompre ma méditation.

On ne peut pas arrêter sa pensée. Mais on peut diriger son attention. C'est une aptitude précieuse, en particulier en cas de stress, nous l'avons vu plus haut en parlant de méditation. Il s'agissait de mettre toute son attention sur la perception de ce qui se passe à l'extérieur de soi pour ne plus être dérangé par ses propres pensées.

Il est tout aussi utile de le faire dans l'autre sens, en retirant son attention des perturbations de notre environnement pour garder sa concentration sur la pensée de son choix. C'est une gymnastique intéressante que je ne saurais trop vous conseiller pour le repos de votre esprit.

Entraînez-vous à contempler le monde avec sympathie, comme si vous n'en faisiez pas partie, sans vous sentir obligé d'y intervenir.

Une situation en particulier peut générer du stress et mérite qu'on s'en occupe : le besoin compulsif d'intervenir dans toute demande d'assistance. Aider ses concitoyens, contribuer au monde, se sentir responsable du collectif, ce sont des vertus utiles. À condition d'en rester maître.

Stephen Karpman, psychologue américain disciple d'Éric Berne (le créateur de l'analyse transactionnelle), a démontré que l'incapacité à refuser une aide nous place en situation de « sauveur », un scénario qui commence bien mais qui peut finir mal, par un sentiment de « victime » qui débouchera sur une attitude de « persécuteur ».

Pour éviter cette dérive, retenez qu'une saine relation d'aide demande trois conditions conjointes : avoir l'aptitude nécessaire, vérifier que l'autre le souhaite, et avoir sincèrement envie de le faire.

Le monde a existé et existera sans vous. Il ne faut pas se donner une importance que l'on n'a pas.

Dans toute situation, n'intervenez que par décision libre et consciente, non à cause d'une incapacité à refuser.

78

Que m'importent les certitudes de la nature si je reste dans l'incertitude.

Descartes oblige, nous sommes élevés au son de la raison. La force et la faiblesse de la réflexion intellectuelle, c'est qu'elle peut remettre toute prétendue vérité en cause.

Selon l'expression chère aux dialecticiens, toute affirmation contient en elle-même son contraire. Les certitudes qu'elle permet peuvent donc toujours être remises en cause.

Autant le doute est un triste animal de la famille des rongeurs auquel on doit bien des désagréments, autant la certitude est l'une des sources les plus sûres de la bêtise humaine. Mais sans certitude, il n'y a point de décisions stables ni de persistance dans l'action.

C'est un moteur irremplaçable de la réussite des grandes œuvres. Jeanne d'Arc ne brillait ni par ses diplômes, ni par ses relations, ni par son expérience militaire. Y aurait-il une autre explication à ses exploits que la force des certitudes qu'elle tenait de ses « révélations » ?

L'homme d'action sait qu'en parachute ou du plongeoir, plus on réfléchit moins on saute. La certitude n'est faite que de croyances et d'émotions.

Elle seule permet d'éviter le stress du doute. Comment faire ? Entre deux alternatives bien réfléchies, imaginer les conséquences de la réussite dans chacune des options et regarder ce que l'on ressent en imaginant le vivre. Plus les émotions sont favorables à une alternative, plus la certitude sera forte et persistante.

Utilisez vos émotions pour prendre des décisions : choisissez l'option avec laquelle vous vous sentez le mieux quand vous considérez sa réussite dans l'avenir.

79

L'un des nombreux avantages d'une bonne conduite, c'est qu'elle est satisfaite d'elle-même.

Pour le stoïcien, « l'unique bien est la vertu » selon l'expression de Sénèque qui ajoute : « Qui réduit tout bien à la vertu trouve son bonheur en soi-même. » Nous aimons l'approbation des autres parce que nous craignons leur jugement mais aussi parce qu'elle nous rassure. On n'est donc pas à l'abri de rechercher cette approbation pour compenser une mauvaise appréciation de nos comportements par nous-mêmes.

Notre inconscient fonctionne à merveille pour nous justifier de nos comportements. Nous sommes capables de trouver mille raisons pour expliquer nos choix et surtout nos erreurs ou nos manquements. Mais malgré nos stratagèmes, nous ne pouvons pas cacher nos manquements à notre conscience. Lorsque l'on n'a rien à se reprocher, on économise toute cette énergie et tout le stress lié à la crainte d'y échouer.

L'homme vertueux, c'est-à-dire honnête dans ses choix et ses comportements, fidèle à ses valeurs, qui ne nuit pas à son prochain, a en permanence la plus belle et la plus importante des approbations : la sienne. Et sachez bien qu'il ne s'agit pas dans cette affaire de code moral normatif, mais de conviction personnelle. L'éthique de responsabilité chère à Max Weber et évoquée précédemment.

Quand vous ressentez le besoin que l'on vous approuve, demandez-vous de quoi vous doutez ou ce que vous vous reprochez.

80

Qui pourrait être au-dessus de celui qui est supérieur à la fortune ?

Diogène de Sinope, le cynique qui vivait dans une jarre, ne roulait pas sur l'or. Il ne possédait qu'une toge et une écuelle. On raconte même qu'il a jeté l'écuelle, l'estimant inutile après avoir vu un enfant boire à la fontaine avec ses mains. Mais il ne se sentait inférieur à personne.

L'empereur Alexandre le Grand, pris de sympathie ou de curiosité pour ce philosophe dont la notoriété était arrivée jusqu'à ses oreilles, était venu lui demander s'il pouvait lui être utile. Il n'a eu droit comme réponse qu'à un « pousse-toi, tu me fais de l'ombre ».

On ne peut avoir d'emprise sur quelqu'un que par l'envie ou par la peur. Le dénuement et le mépris de la matière donnent une indépendance imprenable. Le dénuement n'est pas, dans notre société de consommation, une perspective enviable. Mais rappelons-nous que posséder, c'est risquer de s'attacher, donc risquer la peur de perte et son stress associé. Alors, profitons pleinement des choses, mais n'oublions pas de travailler à savoir nous en passer.

Si vous avez du mal à vous passer de quelque chose, faites rapidement l'expérience d'un sevrage temporaire.

81

Celui qui ne sait pas se taire, il ne sait pas non plus parler.

« Il faut deux ans pour apprendre à parler et toute une vie pour apprendre à se taire » est paraît-il un proverbe chinois. D'autres ajouteraient que ce n'est pas par hasard qu'il nous faut deux oreilles, alors qu'une seule bouche suffit. Se taire, écouter, comprendre...

Nous avons presque tous cette difficulté à se mettre en mode réception. Nous avons davantage besoin de partager notre vision intérieure du monde que de comprendre celle des autres. Peut-être parce que la partie de notre cerveau dite reptilienne, totalement centrée sur notre survie, est bloquée sur la fonction « moi d'abord ».

Une bonne communication, dont le résultat devrait être une compréhension mutuelle, demande autant d'écoute que d'expression. Alors que l'écoute, puisque nous la recherchons tous, est une denrée plus rare.

Elle nous est pourtant utile à un point insoupçonné et représente la plus grande part de l'efficacité de tous les modes de psychothérapie, sans que l'on en ait d'ailleurs vraiment compris la raison.

Vous rendrez de grands services en équilibrant les flux de paroles dans vos entretiens. Vous remarquerez au passage qu'il est beaucoup plus efficace, pour intéresser quelqu'un, de commencer par s'intéresser à lui que de chercher à faire l'intéressant.

Il y a une gradation intéressante que vous pouvez travailler progressivement et à loisir : d'abord se taire. Ensuite, apprendre à écouter, en gardant son attention centrée sur celui qui s'exprime, puis montrer que l'on écoute par son attitude ou des mots d'encouragement. Entraînez-vous ensuite à reformuler sans déformer ce que vous avez entendu. Et enfin, sachez faire parler les gens si nécessaire en leur posant des questions.

Si vous avez des difficultés à trouver des questions, un bon truc : rebondissez en pensant « faits ; opinions ; souhaits ». Si quelqu'un vous expose un fait, vous pouvez toujours lui demander ce qu'il en pense ou ce qu'il souhaite. Si quelqu'un vous donne un avis, vous pouvez lui demander ce qui lui fait penser cela (faits) ou comment il voit les choses idéalement (souhaits). Et ainsi de suite…

Ne stressez pas parce que vous ne savez pas quoi dire. Intéressez-vous aux gens et posez-leur des questions.

82

Le discours est le visage de l'âme.

Le discours est un moyen pour faire partager aux autres sa pensée. Le langage évolué semblant spécifique à l'homme, profitons-en largement. Mais sans oublier qu'il n'y a pas que le discours qui communique chez nous.

Il y a d'autres éléments qui ont un impact sur nos interlocuteurs, consciemment ou non. Notre corps parle, lui aussi, par les mimiques et les gestes, et encore plus par la voix et par le regard qui en disent long à eux seuls. C'est de ce dernier dont Paul Coelho disait qu'il montre le fond de l'âme.

Nos émotions elles-mêmes sont communicatives, même si on ne peut dire exactement par quel canal. Si vous voulez apaiser le stress de quelqu'un, votre calme et votre douceur l'aideront plus que vos propos, s'ils sont sincères. Les émotions parlent aux émotions.

Quant à la force de nos intentions, il suffit d'en faire l'expérience pour voir qu'elle a un effet d'influence, par la détermination et la certitude.

Ces quatre canaux (langage, corps, émotions et intentions) sont naturellement interdépendants et nous décelons instinctivement chez un interlocuteur toute discordance entre eux. Si l'on reçoit un propos qui n'est pas sous-tendu par une émotion, un ton de voix et des gestes qui soient en cohérence, la méfiance s'installe.

Si vous ne voulez pas créer de gêne ou de méfiance dans vos communications, alignez ces différents canaux de communication. Comme il est pratiquement impossible de tricher sur tous à la fois, la voie la plus sûre est d'être authentique.

Vos intentions, vos émotions, votre regard, les inflexions de votre voix parlent indépendamment du langage. Si vous êtes authentique, si vous « parlez vrai », vous aurez beaucoup plus d'impact.

83

L'inventeur du vin ne fut pas surnommé Liber parce qu'il délie les langues mais parce qu'il libère l'âme des soucis dont elle est l'esclave, l'affranchit, la vivifie et l'enhardit à se lancer dans toute sorte d'entreprise.

Il est agréable de faire un bout de chemin avec un philosophe hédoniste. La vertu peut se conjuguer avec le plaisir, foin de ceux pour qui elle est synonyme d'ascèse, de souffrances ou d'abnégation.

Ce n'est pourtant pas un scoop, puisque presque cinq siècles auparavant, Hippocrate disait déjà que le vin est une chose merveilleusement appropriée à l'homme si on l'administre avec juste mesure.

Le vin ne manque pas d'illustres supporters à travers l'Histoire : Platon déclare qu'il est un cadeau de Dieu comme remède à l'austérité de la vieillesse. Pline l'Ancien confirme que le vin à lui seul est un remède.

Quant à Rabelais, il ne risquait pas d'être en reste sur le sujet et affirmait qu'il clarifie l'esprit, l'entendement et chasse la tristesse. On l'attendait moins d'un Pasteur qui a pourtant déclaré le vin comme la plus saine des boissons.

Ils avaient vu juste, bien qu'il ait fallu attendre notre époque pour vérifier l'efficacité des polyphénols dans la prévention des maladies cardio-vasculaires. En tout cas, une unanimité se dégage pour célébrer le caractère libérant que le vin a sur le stress.

Méfiez-vous de deux maléfices, s'il vous arrive de dépasser la juste dose : la baisse des réflexes et l'accoutumance.

Un verre, ça va... ça va même très bien pour évacuer un léger stress.

84

Dans la lutte, on descend au niveau de l'adversaire.

Nous sommes à la fois la belle et la bête, docteur Jekyll et mister Hyde, l'esprit et l'animal. Le mode de l'esprit est celui de l'amour, de la recherche d'une compréhension mutuelle. En cas de désaccord, la recherche créative et constructive d'un bon accord. Si l'on passe en mode bête, c'est l'affrontement par la force. L'autoritarisme pour convaincre et soumettre, le conflit dans le traitement des désaccords.

Si nous nous laissons entraîner dans un conflit, nous rejoignons l'adversaire au niveau de la bête, le plus bas de la conscience humaine.

Ne vous en veuillez pas trop : le combat, c'est-à-dire le recours à la force, est l'une des réactions naturelles au stress. Il est très difficile d'y résister s'il est dans notre nature, puisque si le stress est suffisamment fort c'est notre cerveau primitif qui prend le contrôle, la raison n'y pouvant pas grand-chose. Selon l'expression populaire, on n'est plus maître de soi.

Mais alors, comment ne pas se laisser descendre ? En nous entraînant sans relâche à développer les émotions de l'amour inconditionnel et de la joie. On ne lutte pas dans la joie, on ne lutte pas avec ce qu'on aime.

Au risque de me répéter, je souligne qu'un bon conflit, s'il n'honore pas l'esprit, est bien préférable aux non-dits, qui créent des tensions et pourrissent la cohésion d'un groupe. Dans un conflit ouvert, on sait où sont les bombes et on peut les désamorcer. C'est beaucoup moins dangereux que le champ de mines que nous assure un groupe qui a des tensions.

Mieux vaut un conflit que de laisser les non-dits pourrir les relations humaines. Mais si vous restez ouvert, respectueux et gai, vous résoudrez nombre de conflits peu productifs par des échanges constructifs.

85

Il n'y a qu'une seule façon de se mettre en lieu sûr : mépriser ce qui ne dépend pas de nous et se contenter de la vertu.

Nul ne doute que refaire le monde au café du commerce à l'heure de l'apéro est une activité excellente pour l'entretien de bonnes relations entre les amis du quartier.

C'est d'ailleurs étonnant le nombre de gens courageux accoudés au bar du coin. Quant à l'utilité pour une meilleure évolution de l'humanité, on peut s'interroger.

Il peut arriver que, dans certaines de ces conversations de café ou de salon, on ressente quelques désagréments. Certaines opinions nous agacent, elles attaquent nos valeurs, elles restimulent des peurs, elles bousculent des croyances, elles rappellent de mauvais souvenirs.

On se dit parfois que l'on ne doit pas laisser passer ça, mais l'orateur est habile et déterminé, on a du mal à s'exprimer librement ou à se faire entendre. Mille raisons de petits stress.

Alors là, une solution efficace : la fuite. Mentalement j'entends. Pensez profondément que votre opinion n'intéresse personne et que l'exprimer ou non n'a le plus souvent pas le moindre intérêt. Chacun cherche à avoir raison pour se rassurer, mais l'enjeu est nul.

La sagesse recommandée par Sénèque en l'occurrence est une idée clé du stoïcisme, chère à Marc Aurèle : ne vous occupez pas de ce sur quoi vous n'avez pas d'effet. Ça ne sert rigoureusement à rien, sauf à vous encombrer l'esprit.

Nous ne sommes utiles que par nos décisions et nos actions. Échanger des opinions est improductif quand il n'y a pas de décision à la clé. Une seule chose est importante pour vivre sereinement : agir bien là où l'on est.

Se plaindre ou désespérer restimule le stress, agir redonne le moral. Il est plus efficace de donner un coup de main à son voisin que de parler avec émotion de ce qui se passe de l'autre côté de la planète.

86

Ne dis pas toi-même ce que tu ne veux pas entendre d'un autre.

Une version parmi d'autres de cette « règle d'or » qui a traversé les époques : il faut ajuster son comportement en fonction de ce que l'on attend des autres. Ce qui est parfois appelé l'éthique de réciprocité est certainement le meilleur régulateur de la vie collective et on la retrouve dans les préceptes de nombre de cultures et de religions : confucianisme, bouddhisme, taoïsme, judaïsme, christianisme, islam la reprennent chacun sous leur forme, mais toujours selon une logique d'équilibre des échanges. Un excellent régulateur naturel des comportements individuels.

À noter qu'il y a la version minimaliste : « Ne fais pas aux autres ce que tu ne veux pas qu'ils te fassent » et une version plus dynamique : « Fais aux autres ce que tu voudrais qu'ils te fassent. »

Qu'en faire pour le stress ? Un simple exemple : j'ai souvent vu des gens se plaindre de la manière dont on s'adresse à eux. « On ne me dit pas bonjour le matin quand j'arrive au bureau ! — Et toi, tu dis bonjour ? — Non, mais ce n'est pas à moi d'en prendre l'initiative. » Bon courage, l'ami.

N'attendez jamais des autres ce que vous ne donnez pas vous-même sans compter.

87

L'âme est un Dieu qui loge dans un corps d'homme.

La philosophie oppose une vision « dualiste » (l'âme n'est pas matérielle) au « monisme » (l'univers est un tout) que beaucoup qualifient de matérialisme. Platon, Aristote et saint Augustin contre Démocrite, Épicure et Lucrèce.

Sénèque donne à l'esprit humain des aptitudes divines. Ernest Renan, qui s'est vu remercié du séminaire Saint-Sulpice où il était professeur, pour aboutir au Collège de France, défendait que le message clé de Jésus était que chaque être possède en lui une force divine. Nous serions tous potentiellement capables des plus grandes réalisations, mais nous nous limitons à notre vision matérielle.

S'identifier à son âme permet d'échapper aux peurs concernant la matière, notamment sur le corps. Cela diminue l'attachement. C'est une aptitude qui libère considérablement du stress. Elle permet d'éprouver un sentiment d'éternité et permet de se dégager du besoin compulsif de faire, de réaliser et de posséder.

Prenez conscience de votre conscience, laissez-vous vivre ce sentiment d'incorporel. Cela diminue considérablement le stress en vous faisant échapper aux pressions du monde matériel.

88

L'état auquel tu aspires est noble, sublime, proche de celui des dieux : l'absence de trouble.

Absence de trouble inclut absence de stress, évidemment. Peut-être s'agit-il d'un état parfait, donc inatteignable. Peut-être même un peu triste, parce que nos troubles pimentent notre existence. Mais le plus long des chemins commence par un pas, dit le tao, et ce sont heureusement ces pas successifs qui sont réjouissants, en nous fournissant un jeu digne de nous.

À titre de premiers pas, je vous en propose quatre, en vous rappelant le quadruple remède d'Epicure. Il est grand temps, depuis que j'y fais allusion, que je vous le rappelle dans son ensemble. Il s'agit de quatre axes de travail pour réduire les troubles de l'esprit :

1. Les dieux ne sont pas à craindre.
   Ne nous laissons pas perturber par une peur de mondes parallèles, ni par les dramatisations de notre imaginaire, ni par des croyances auxquelles nous n'adhérons pas.

2. Ne pas craindre la mort.
   C'est un instant très court, pas forcément douloureux. Ne nous gâchons pas la vie avec ça. Ça n'est pas un problème tant que l'on est vivant,.et ensuite on n'en souffrira nullement, pas plus qu'avant de naître.

3. Le bien est facile à atteindre, le bonheur est possible. C'est une émotion intérieure qui dépend plus de nous que de notre environnement. On progresse rapidement vers le bonheur dès que l'on en prend la responsabilité entière.

4. La douleur est supportable.
Avec les antalgiques, l'anesthésie et les soins palliatifs, admettons que le problème est devenu plus facile de nos jours qu'il ne l'était pour ce pauvre Épicure qui a passé presque toute sa vie avec des calculs dans la vessie. On peut le croire quand il nous dit que la douleur est par définition supportable tant qu'elle nous laisse vivant. Le point de vue que l'on a sur de petites douleurs est effectivement déterminant.

Plus vous travaillez consciencieusement ce quadruple remède, moins vous stresserez pour de petites choses.

89

Connaître un bonheur constant et traverser la vie sans bleus à l'âme, c'est ignorer la moitié de la réalité.

Son ami Démétrius aurait ajouté : « Je ne vois rien de plus malheureux qu'un homme n'ayant jamais connu l'adversité. » Comment remplacer le mauvais stress que nous procure parfois une adversité imprévue ? En en faisant une occasion de progrès, un cadeau des dieux. Sénèque estime que « la divinité endurcit, met à l'épreuve, tourmente ceux qu'elle estime et ceux qu'elle aime. »

On sort davantage grandi des épreuves, même si elles nous ont valu de ne pas atteindre des objectifs, que de réussir dans la facilité. Ce sont les épreuves franchies qui sont nos grands souvenirs.

Tout problème est un jeu, si l'on a l'envie de gagner et que l'on accepte la perspective de perdre.

Ne soyez pas compulsivement perfectionniste : accordez-vous une proportion d'échecs. Si vous en avez trop peu, êtes-vous sûr que vous prenez suffisamment de risques ?

90

On n'a pas le temps de remarquer les broutilles quand on connaît de véritables malheurs.

Sauf à donner dans le sadisme, nul ne se réjouit du malheur des autres. Tolstoï nous affirme pourtant que la mort d'un ami nous apporte inconsciemment une certaine satisfaction. Parce que ce coup-là n'était pas pour nous. Notre cerveau évalue en effet par comparaison. Considérer des situations pires que la nôtre nous place en position d'avantagé. Plutôt réjouissant. Et *vice versa*. Pour se donner de l'énergie, il faut regarder ceux qui sont devant et en faire des modèles. Pour calmer son stress, il faut regarder ceux qui sont dans des situations plus pénibles que soi et être conscient d'avoir la chance qu'ils n'ont pas. Je peux vous dire, expérience faite, que lorsque l'on s'est occupé de jeunes malades longue durée ou d'handicapés, il en faut beaucoup pour que l'on songe à se plaindre de sa santé.

Sur le plan de l'activité, la maxime s'applique également. Moins on a de choses à faire, plus elles prennent de l'importance et plus on a le temps de dramatiser les échecs ou les difficultés possibles. Plus on est occupé, et moins on a le temps de se faire de mouron.

Pour moins stresser avant un événement, chargez intelligemment votre emploi du temps.

91

Quand on est bienfaisant envers soi-même, on est utile aux autres en ceci qu'on se met en état de leur être utile.

Le sacrifice de soi est suspect et dangereux. Pour prétendre aider les autres, il faut être soi-même solide, sinon tôt ou tard, on va les entraîner dans nos problèmes. Pour jouer le rôle de la bouée, il faut s'assurer de bien flotter. Surtout quand il s'agit du développement personnel, s'occuper de soi n'est donc pas un acte d'égoïsme mais un prérequis pour prétendre être utile aux autres.

Être utile aux autres ne veut pas dire se contenter d'avoir une pensée émue pour les misères du monde en se rasant le matin. On peut effectivement s'interroger sur le fait que nombreux sont ceux qui se disent très soucieux des difficultés des habitants du bout du monde, mais qui se moquent comme de l'an quarante des problèmes de leurs voisins de palier. Être utile, c'est agir.

Soyez digne d'aider par vos aptitudes, faites-le autant par l'exemple que par la parole, privilégiez l'action aux émotions. Mais, surtout, n'en faites pas un cache-misère de vos propres manques.

Ne masquez pas vos propres manques derrière une apparente générosité. Prenez-vous en main. Chacun doit se sentir pleinement responsable de son âme.

92

Évitons les fatigues du corps : elles absorbent ce qu'il y a en nous d'éléments doux et calmes et soulèvent l'aigreur.

Quel que soit le pilote, il lui faut une bonne machine pour gagner la course. Votre mental repose sur un fonctionnement biologique qui suit les règles de la matière vivante. Si vous ne ménagez pas la monture, au mépris de votre raison elle-même, la bête va reprendre ses droits par le biais de vos humeurs et de vos troubles.

Autant le stress risque de vous dérégler votre système immunitaire, autant tout cocktail à base d'ingrédients tels que le manque de sommeil, l'abus de nourriture, l'alcool, et j'en passe, peut nuire à l'harmonie de vos émotions. Pas question entre nous de se passer des bonnes choses, mais de savoir apprécier ses limites. Épicure disait qu'il faut savoir se priver d'un plaisir s'il engendre un déplaisir supérieur. À vous de juger.

Observez soigneusement l'impact de vos habitudes de vie sur votre niveau d'énergie et de bien-être.

93

On ne doit parler qu'à celui qui est prêt à entendre… Quel intérêt y a-t-il à vouloir faire la leçon aux sourds et aux muets ?

Nous sommes préoccupés par ce que nous voulons dire. Or il ne sert à rien de dire quelque chose qui n'est pas entendu ni compris et encore moins retenu. Ça donne bonne conscience, mais ce n'est pas de la communication.

Aristote disait qu'avant de développer son discours l'orateur doit se rendre crédible puis susciter l'intérêt de ses auditeurs. Avant de parler à quelqu'un, assurez-vous qu'il est d'accord pour vous entendre. Vous gagnerez énormément d'énergie. Sauf si une image de beau parleur suffit à votre ego.

Si vous avez des difficultés à intervenir dans un groupe, et que cela vous stresse de ne pas y réussir, ne cherchez pas à prendre la parole de force pour dire ce que vous brûlez de dire. Profitez d'un léger blanc pour poser vigoureusement à ceux qui parlent des questions directes et reformulez leurs réponses. Vous susciterez plus rapidement l'intérêt et augmenterez vos chances d'être écouté.

Si vous n'y arrivez toujours pas, consolez-vous en pensant à Raymond Devos qui nous confie que « celui qui ne dit rien, au bout d'un moment, on n'entend plus que lui ».

Parler après avoir suscité l'intérêt. Utilisez le questionnement pour intervenir.

94

Mesure tout à l'aune des désirs naturels. On les satisfait pour rien ou à bon compte.

Nous avons déjà évoqué l'inspiration d'Épicure, qui enseignait que seuls les désirs naturels et nécessaires doivent être satisfaits. Une chance, ils sont très peu nombreux. Ce sont ceux que l'on retrouve chez les animaux évolués. Ne pas les satisfaire amène à la mort : manger et boire à sa faim, ne pas avoir trop froid. Dans un modèle social comme le nôtre, on peut les satisfaire avec un minimum d'énergie.

La vie pourrait manquer sérieusement de piquant et même d'intérêt si on en restait là, donc pas question de nous passer de tout le reste. Mais que de stress peut être évité simplement si l'on admet que l'on peut s'en passer. Surtout ceux qui ne sont ni naturels ni nécessaires, tels les honneurs, le pouvoir ou les richesses.

Il est bon de croquer la vie avec plaisir et sans réserve, mais que ce soit par choix et sans dépendance.

Si la peur de manquer d'un plaisir « non naturel » vous stresse, regardez comment vous pourriez vous en passer et faites-en éventuellement l'expérience pendant un petit moment.

95

La colère est pire que la débauche : celle-ci jouit de ses propres plaisirs, celle-là des souffrances d'autrui.

Sénèque a consacré un livre entier à la colère, qui est pour lui « le plus bas et le plus étroit des sentiments ». On peut dire qu'il n'en fait pas la promotion. Ne permettez rien à la colère, dit-il, elle peut tout se permettre. Il n'y a pas de jugement sous la colère, et ce n'est pas une émotion efficace pour la communication. Mais force est de constater qu'elle fait partie intégrante de notre base de données émotionnelle, pour le pire comme pour le meilleur.

Le meilleur, c'est le mérite de montrer à ses interlocuteurs qu'ils sont allés trop loin et qu'on n'est pas du genre à le subir. C'est un régulateur pour éviter de se faire laminer. Il est donc efficace de montrer sa disposition à la colère. Vous éviterez de tomber dans le syndrome de la tête de Turc, qui prend tous les coups sans réagir et qui attise l'agressivité du groupe à son égard.

Mais il ne faut pas perdre de vue que, sous la colère, les propos dépassent la pensée. En clair, on dit n'importe quoi. Donc, premier réflexe à domestiquer : se taire. Ne communiquez pas à chaud, vous laisseriez de mauvaises traces qui vous culpabiliseront.

Il faut avant tout que la flambée se consume : « Laissez venir l'instant où c'est vous-même qui donnerez les ordres.

La colère à présent vous subjugue et parle à votre place », dit Sénèque. La bête a pris le dessus.

Ne communiquez pas sous l'emprise de la colère : ce que vous direz n'est plus sous votre contrôle.

En attendant que ça se calme, vous pouvez profiter du silence pour une petite introspection. Car, au fond, on n'est jamais en colère que contre soi. Qu'est-ce que l'on a à se reprocher qui est restimulé ?

Identifiez ce qui, chez vous, provoque votre colère.

Ensuite, vous devez prendre la précaution de l'évacuer, car les émotions renfermées créent des désordres internes pires encore, tels que la perturbation de notre système endocrinien et de notre système immunitaire. Les spécialistes recommandent de communiquer ce que l'on ressent comme un fait constaté, par exemple : « Ce que j'entends me met en colère. »

Enfin, une recommandation utile : quand la bête est calmée, ne pas tomber dans le piège de lâcher ses positions pour se faire pardonner. Excusez-vous sur la forme, si vous en avez trop dit, mais pas sur le fond, vous prendriez le risque de tomber dans l'incohérence.

Quand la raison a repris le contrôle, reprenez la communication, en vous excusant sur la forme mais sans changer sur le fond.

96

Plutôt que de savoir ce qui a été fait, combien il vaut mieux chercher ce qu'il faut faire.

La vie commence maintenant. Sénèque nous dit que « la part de notre vie qui est derrière nous appartient à la mort ».

Et pourtant, avez-vous remarqué que le temps passé dans certaines réunions professionnelles, à se complaire dans le passé, est parfois impressionnant.

Si c'est pour faire appel à l'expérience, c'est utile. Mais malheureusement, c'est souvent pour se justifier de ses erreurs ou trouver des coupables de substitution.

Si vous observez un conflit sur le passé, mettez l'attention des participants sur leur but commun et sur ce qu'il convient de faire dans l'avenir. Vous verrez : on gagne un temps fou.

Les erreurs du passé n'ont pas besoin d'être justifiées. La seule chose qui compte, c'est ce qu'il est pertinent de faire dans l'avenir.

97

En tout, l'excès est un vice.

Nietzsche a repris cette idée, disant que « tout ce qui est excessif est dérisoire ». Pour notre sujet, retenons que s'il y a bien une façon sûre de stresser, c'est de se laisser embarquer dans le toujours plus ou toujours mieux.

Rien de plus troublant pour un enfant que de s'entendre dire : « C'est pas mal mais tu peux faire mieux. » Il est courant de laisser échapper ce genre de remarque. Félicitez-le plutôt de sa réserve pour ses petits résultats et faites-le s'engager sur de nouveaux objectifs.

Quant à vous, félicitez-vous systématiquement de ce que vous avez accompli. Bien ou pas, vous l'avez fait. Ça ne fera qu'augmenter votre moral pour entreprendre mieux.

Avant de demander plus à quelqu'un, gratifiez-le pour ce qu'il a déjà produit.

98

Avec les maladies qui affectent l'âme, plus on en est atteint, moins on le sent.

Nous ne sommes pas doués d'un système qui permet de nous voir, puisque, par construction, nous sommes à l'intérieur. C'est vrai sur le plan physique, évidemment. Mais c'est tout aussi vrai sur le plan mental. Nous ne pouvons pas nous évaluer.

Cette incapacité peut être créatrice d'un doute sur notre image et sur notre impact. Elle nous rend très difficile, voire impossible, de nous améliorer sur certaines insuffisances.

En cas de doute, avec stress assorti, sur la manière dont nous sommes perçus, nous pouvons en tirer deux moyens de le soulager.

Si l'on est en recherche d'amélioration personnelle, accepter et même solliciter le regard de l'autre. Il ne s'agit pas de prendre pour argent comptant ce que chacun dit de nous. Mais il faut l'écouter avec attention.

L'effet que nous créons n'est pas toujours en phase avec nos intentions. Les avis extérieur peuvent être des indications irremplaçables. Ne les réfutons pas, même si nous ne les partageons pas ou s'ils sont peu flatteurs. Regardons plutôt ce que l'on peut en tirer d'utile.

Ensuite, il faut admettre que l'on ne peut rechercher seul les causes de ses difficultés mentales. Nous sommes très doués pour ne pas voir ce qui nous déplaît chez nous. Nous le refoulons soigneusement dans notre inconscient. Toutes nos difficultés psychiques proviennent de ce que l'on ne voit pas. Sans aide extérieure, pas d'issue garantie.

Si le stress génère chez vous des symptômes vraiment gênants, faites-vous aider par un professionnel du sujet.

99

Avant de regarder ce que tu manges et ce que tu bois, regarde avec qui tu manges et avec qui tu bois.

Sénèque nous cite ici Épicure. Mais la citation est de poids : notre relation aux êtres vivants est plus épanouissante que nos relations avec la matière, quelle que soit sa qualité.

Un Château Margaux en compagnie de gens ennuyeux et désagréables ne vaut pas un petit vin de pays avec des gens intéressants et sympathiques.

Si l'on est sensible au stress, on peut en tirer une consigne basique pour faire ses choix : ne pas limiter nos prises de décisions aux critères d'intérêts matériels mais prendre en compte au premier chef les relations humaines qu'elles impliquent et l'effet qu'elles auront sur nos états émotionnels.

Choisir l'entreprise dans laquelle on va travailler (à supposer qu'on ait le choix, ce qui devient difficile…) se fait souvent en considérant la hauteur des revenus et des avantages divers, voire de l'évolution de carrière que l'on peut en espérer.

J'ai vu heureusement des gens, plus rares, qui choisissaient en priorité l'équipe avec laquelle ils allaient travailler. Je n'en ai vu aucun le regretter.

Aucun bien matériel ne peut nous apporter les satisfactions que nous pouvons trouver dans nos relations avec les êtres vivants. C'est vrai pour certains animaux, mais avec les humains, on a de surcroît l'avantage de la conversation…

Profitez des bonnes choses, soyez prospère autant qu'on peut l'être mais, pour votre bien-être émotionnel, ne sacrifiez jamais vos relations humaines à votre bonne fortune.

EN GUISE DE CONCLUSION

L'absence de trouble mental n'est pas un état irréversible. Notre statut d'animal supérieur, mais animal quand même, nous laisse sensibles à tout un arsenal de réactions dérangeantes. Nous sommes contraints à une vigilance de tous les instants d'où la nécessité de se remettre en tête les fondamentaux qui permettent de retrouver un bon équilibre de l'esprit.

À titre de trousse d'urgence, je vous propose donc un concentré des bons conseils inspirés par Sénèque, sous la forme de 10 règles de conduite que l'on observe peu ou prou chez les gens qui semblent ne pas souffrir de stress. En cas de difficulté, vous y trouverez, en un coup d'œil, une piste possible pour reconquérir votre sérénité.

À moins de tomber sous le coup de symptômes psychiques incontrôlables qui nécessitent de se confier à un spécialiste, vous constaterez vite que le stress se soigne très bien avec une pincée de détermination et une bonne dose de persistance.

Je vous souhaite de bonnes promenades en compagnie de Sénèque sur les chemins, parfois escarpés mais toujours réjouissants, de la paix de l'âme.

10 principes de vie des gens qui ne souffrent pas de stress

1. Ils sont « dans le présent ».

Le passé comme l'avenir n'existent que dans notre esprit. La vie, c'est le présent. La grande majorité des sources de stress viennent de nos représentations mentales. Un théâtre où nos peurs liées à notre expérience passée sont projetées dans les incertitudes du futur. Le présent en lui-même contient en comparaison très peu de dangers réels. La capacité à mettre toute son attention dans ce qui est ici et maintenant, à faire cesser les dramatisations mentales, diminue considérablement le stress.

C'est ici et maintenant que ça se passe. Hier n'existe plus et demain n'existe pas encore.

2. Ils sont dirigés par leurs envies et non par leurs peurs.

Fuir ce qui nous fait peur est la meilleure manière d'en rester dépendant toute sa vie. Il faut suivre ses envies, en les établissant avec suffisamment de certitude pour transgresser ses peurs, tout en sachant ce que l'on fera si le pire arrive. La sécurité est un leurre : la vie elle-même est précaire. On peut s'assurer de vivre bien, pas de vivre longtemps.

La peur est une compagne utile, avec laquelle on peut bien vivre à condition de ne pas lui confier nos décisions.

3. Ils ne cherchent pas à se montrer autrement que comme ils sont.

Vouloir paraître autre que ce que l'on a conscience d'être nous met en position de nous cacher, ce qui consomme une énergie parfaitement inutile et entretient la peur d'être découvert.

Les gens qui sont à l'aise pour se montrer au naturel n'ont pas à penser à leur image. Ils savent que tout défaut à des contreparties positives. Ils sont conscients de leurs succès, et s'accordent le droit à l'échec.

Rester naturel et authentique en toutes circonstances. Ne jamais oublier que toutes les discordances dans la communication se perçoivent. Ne pas chercher à se justifier ni à rechercher l'approbation de son entourage.

On est comme on est. Il faut s'en réjouir pour le meilleur et l'assumer avec transparence et naturel pour le pire. Ce qui n'empêche pas de se faire un jeu de l'améliorer.

4. Ils ont peu de chose à se reprocher.

Respecter ses valeurs envers et contre tout, faire pour les autres ce que l'on aimerait qu'ils nous fassent sont deux règles d'or pour ne jamais avoir de regrets. Donner sans attendre de recevoir est la meilleure manière d'être comblé. On ne manque pas de ce que l'on donne avec joie.

Faire bien tout ce que l'on entreprend laisse la conscience du devoir accompli.

Donner autant que l'on peut ce que l'on aimerait recevoir.

Objectifs atteints ou non, on n'a rien à se reprocher quand on a conscience d'avoir fait de son mieux.

5. Ils ont conscience d'être leur propre maître.

Ils décident librement de leurs buts, prennent des décisions sans influence extérieure, en utilisant leurs intuitions, leur raison et, pour trancher avec certitude, leurs émotions. Ils ne subissent pas contre leur gré, ne tombent pas dans la complaisance par peur ou pour se faire mousser. Ils n'ont pas besoin de s'appuyer sur l'opinion des autres.

Ne rien faire à contrecœur.

6. Ils jouissent sans dépendre.

Ils sont à la fois capables de profiter pleinement des joies terrestres : une bonne bouteille, une émotion artistique, un compte en banque bien garni…, mais ils ne souffrent pas de la perspective d'en être privés.

Derrière tout stress se cache une peur de perdre. Pour la vie, la santé est l'essentiel pour survivre, il est difficile de s'en affranchir. Mais pour le reste, c'est un travail sur soi parfaitement possible. Tout ce qui n'est pas nécessaire et à quoi vous êtes attaché, imaginez de vous en passer. Si cela vous paraît impossible, entreprenez de vous séparer de petites choses rapidement.

Profiter à fond, croquer la vie sans réserve mais faire immédiatement un break à la moindre addiction.

7. Ils se sentent pleinement responsables de leur vie.

Vous ne les entendez jamais se plaindre. Ils observent et agissent lorsqu'ils estiment pouvoir apporter leur contribution utilement et qu'ils le souhaitent. Ils ignorent ou considèrent comme un obstacle à franchir tout ce sur quoi ils estiment ne pas avoir d'influence.

Ils ne se croient jamais indispensables au monde. Ils regardent uniquement, en toute situation désagréable, ce qu'ils auraient pu faire pour ne pas en arriver là et ce qu'ils vont faire pour en sortir. Ils n'ont ni intérêt, ni critique, ni ressentiment pour le reste.

Ne pas se plaindre. Agir sur les éléments sur lesquels on peut avoir un effet. Oublier le reste.

8. Ils ne se contentent pas de subir leurs émotions.

Nous éprouvons des émotions en dehors du contrôle de notre raison. Ce n'est pas un motif pour les laisser faire.

D'abord en sachant les exprimer pour les évacuer, faute de quoi elles vont s'accumuler dans une Cocotte-Minute qui explosera au mauvais moment.

On peut également identifier les facteurs nécessaires et suffisants pour éprouver les émotions que l'on recherche et qui nous épanouissent, puis organiser sa vie sans transiger sur ces facteurs.

On peut enfin s'efforcer d'avoir des émotions qui nous facilitent la vie : la joie, l'enthousiasme, l'amour sont d'autant plus présents que l'on décide qu'ils le soient.

L'enthousiasme, la joie et l'amour ne doivent pas s'attendre. Il faut les créer.

9. Ils parlent vrai.

Parler vrai ne veut pas simplement dire ce que l'on pense. C'est socialement peu supportable.

Ce serait plutôt l'art de communiquer ses positions clairement et simplement, sans perturber émotionnellement ses interlocuteurs.

La recette :

D'abord, savoir séparer le contenu des messages de la relation interpersonnelle. Être capable d'être ferme sur ses idées tout en étant agréable et respectueux des personnes, ce qui n'est pas naturel.

Ensuite, éviter les opinions qui fâchent, les généralités, les reproches, les plaintes... pour se limiter aux faits et à ses intentions ou ses souhaits.

Enfin, ne pas contraindre les désaccords par de l'autorité mais rechercher de vrais accords par une négociation constructive.

Tout cela permet d'anticiper les conflits, d'éviter les tensions stressantes créées par les non-dits et d'opérer en terrain de confiance.

Respecter les gens, mais communiquer sans réserve les faits opportuns, ses positions, ses intentions ou ses souhaits.

L'autorité ne remplace pas l'aptitude à obtenir de vrais accords et des engagements.

10. Ils passent à l'acte sans état d'âme.

Le monde est rempli de bonnes idées qui restent dans les esprits ou les cartons. Elles nous occupent l'esprit, quand elles ne nous culpabilisent pas sur notre improductivité.

L'action a le mérite de faire avancer les projets, mais elle évite surtout la dramatisation des obstacles dans notre esprit, qui nous stresse et consomme notre énergie psychique.

Terminer ce que l'on commence évite d'avoir la tête pleine de projets inaboutis ou d'actions en cours.

La peur est anéantie par la mise en action, parce que cesse la dramatisation mentale. Dès qu'une décision est prise, ne la laissez jamais sans une action programmée sur une échéance courte, aussi petite soit-elle.

Toute décision implique un enclenchement immédiat d'une action, aussi petite soit-elle.

Terminer ce que l'on commence, persister jusqu'à l'objectif que l'on s'est défini.

Table